Descomplique a relação

Robin Prior & Joseph O'Connor

Descomplique a relação

Estratégias simples para um relacionamento dar certo

Tradução
Rodrigo Carvalho Alva

Revisão técnica
Dra. Célia Resende
Psicóloga

CIP-Brasil. Catalogação-na-fonte
Sindicato Nacional dos Editores de Livros, RJ.

Prior, Robin
P429d Descomplique a relação: estratégias simples para fazer seus relacionamentos darem certo / Robin Prior e Joseph O'Connor; tradução Rodrigo Carvalho Alva. – Rio de Janeiro: Best Seller, 2005.

Tradução de: NLP and relationships
ISBN 85-7684-075-8

1. Relacionamentos. 2. Programação neurolingüística. I. Título.

CDD 658.4052
05-3475 CDU 316.47

Direitos exclusivos de publicação em língua portuguesa para o Brasil
adquiridos pela
EDITORA BEST SELLER LTDA.
Rua Argentina, 171, parte, São Cristóvão
Rio de Janeiro, RJ – 20921-380
que se reserva a propriedade literária desta tradução

Impresso no Brasil

ISBN 85-7684-075-8

PEDIDOS PELO REEMBOLSO POSTAL
Caixa Postal 23.052
Rio de Janeiro, RJ – 20922-970

Sumário

Para Debbie

Prefácio

- "Relacionamento" – uma palavra simples e que esconde algumas das questões mais ricas, complexas e significativas do mundo. Os relacionamentos nos tornam mais humanos, eles mantêm nosso mundo unido. A felicidade e a qualidade de nossas vidas dependem deles. Eles nos tornam quem somos: nossos relacionamentos com nossos pais, professores, amigos, familiares e amantes. Além disso, ao longo de nossas vidas, cada um de nós tem um relacionamento inconstante consigo mesmo. Esse relacionamento torna mais fácil ou difícil permanecer sozinho.

Embora a vida possa ser completa quando se está sozinho ou em um relacionamento ruim, para a maioria das pessoas um relacionamento que dá certo é a base de sustentação sobre a qual o restante de suas vidas é construído. Para muitos, amor, parceria, confiança, companheirismo e intimidade são tão vitais quanto água e ar. Relacionamentos completos não são privilégio de ricos, famosos, talentosos ou pessoas das elites. E nem essas vantagens tornam bons relacionamentos mais fáceis (algumas vezes é exatamente o oposto). Nós todos podemos formar parcerias que nos trazem prazer e satisfação.

Talvez existam mais livros sobre iniciar e terminar relacionamentos íntimos do que sobre qualquer outro assunto. Todos já tiveram essas experiências. Todos estão interessados. Todos querem saber sobre como ter relacionamentos mais satisfatórios e completos. A notícia ruim é que a resposta não será encontrada em um livro. A boa é que o poder está dentro de você mesmo. Este livro explora as maneiras pelas quais você pode utilizar esse poder. Ele examina os relacionamentos íntimos com parceiros sexuais e amigos bem próximos, aqueles relacionamentos que lhe dão a maior alegria quando são bons e a pior sensação quando não são.

Há algo novo a ser dito sobre relacionamentos? Sim, há muita coisa. Todos os relacionamentos são diferentes. Nós todos vivemos no mesmo mundo, no entanto o experimentamos de maneiras diferentes. Nós criamos nosso próprio mundo subjetivo por meio de nossas vivências. Uma pessoa pode ser popular, ter muitos amigos e não ter problemas em atrair parceiros sexuais. Outra pode ser tímida, não ser muito popular, ter apenas alguns amigos íntimos e poucos parceiros sexuais. Nós presenciamos isso todos os dias, e apesar de a atratividade física ser em parte responsável por isso, ela é responsável apenas por uma pequena parte. Há bem mais um jogo.

São necessárias duas pessoas para que se estabeleça um relacionamento. É preciso haver concessão mútua. Algumas vezes pensamos que se a outra pessoa mudasse então tudo ficaria bem. Quando isso acontece, você quase pode garantir que a outra pessoa está pensando *exatamente* o mesmo sobre você, porque um relacionamento é uma dança, não uma caminhada solitária. É harmonia, e não duas pessoas fazendo um solo ao mesmo tempo. O que você *pode* fazer é assumir a responsabilidade pela sua parte. Você pode ter certeza de que, se mudar significativamente o que está fazendo, a outra pessoa não será capaz de responder da mesma forma que antes.

Este livro, contudo, não é sobre como mudar ou manipular os outros para serem o que você quer que eles sejam. Nem é sobre tentar se adaptar às expectativas de outras pessoas indiferentes ao seu ponto de vista. É um livro sobre ser mais você mesmo, dedicar-se mais a um relacionamento e deixar que a outra pessoa também seja ela mesma. Para isso acontecer, é necessário haver algum nível de segurança e confiança. Construir um relacionamento forte significa testar a segurança de suas bases. Quanto mais você trouxer de si mesmo para um relacionamento, maior será a possibilidade de felicidade e completude para vocês dois. Mas primeiro você precisa assumir a responsabilidade pelo que faz — é o mínimo e o máximo que pode fazer.

Ao buscar um modo de alcançar isso, examinamos a tensão entre três aspectos em nós mesmos, que vivenciamos em relacionamentos. Primeiro há a nossa natureza instintiva. Ela é parte de nossa natureza biológica. É a parte mais antiga de nós e a que freqüentemente precisamos enterrar bem fundo para podermos viver em sociedade. Depois há o nosso ser social, com todas as suas restrições. E, finalmente, há o nosso ser intelectual — a voz da razão. Coloque essas "vozes" juntas e freqüentemente haverá uma cacofonia. Nos sentimos puxados em direções diferentes — existe uma luta entre o que desejamos em um nível sexual básico, as normas e controles da sociedade e da nossa educação, e a voz calma que avalia as conseqüências. Esperamos que este livro ajude essas vozes a cantar em harmonia, unindo-se à nossa experiência espiritual e emocional.

Este não é um livro sobre terapia ou sobre como unir relacionamentos fragmentados, mas sim sobre entender os seus relacionamentos e torná-los mais satisfatórios. Embora as propostas sejam bem fundamentadas em teoria e pesquisa, este é também um livro prático. O texto oferece muitos exercícios que podem ser usados para você explorar seus relacionamentos.

Relacionamentos não são um assunto sobre o qual seja fácil se dissertar e, apesar de este ser nosso segundo livro como co-autores, levantamos algumas questões pela primeira vez. Como sempre, queremos dividir nossos pontos de vista igualmente. E, após lermos vários livros sobre relacionamentos para nossa pesquisa, acreditamos que é importante nos aproximarmos de você, leitor. Nós precisamos ter um relacionamento com você para que você possa desfrutar deste livro e tirar dele o melhor proveito. Alguns dos livros que pesquisamos nos levaram à impressão de que o autor estava de algum modo distante. Os relacionamentos não podem ser vistos de maneira completamente objetiva, como uma peça de museu em uma redoma de vidro. Nós vivemos, respiramos, rimos e choramos em nossos relacionamentos. Então, como poderíamos tornar nosso livro pessoal e acolhedor? Decidimos, então, escrever de maneira direta, dividir nossa própria experiência em relacionamentos. Escolhemos fazer isso descrevendo nossas histórias em primeira pessoa, identificando qual de nós está contando a história. Se vamos desnudar nossas almas, queremos ter certeza de que todos saibam qual alma está sendo desnudada! Também decidimos que seria melhor nos concentrarmos na experiência de uma pessoa para uma melhor sensação de continuidade. Robin ganhou este privilégio, então você encontrará a experiência dele na maioria dos exemplos. As anedotas impessoais são resultado de nossa experiência conjunta.

Agora, vamos lidar com dois problemas possíveis. Primeiro, a reivindicação pós-moderna exagerada de que para entender algo você precisa vivenciar aquilo. Se todos precisássemos viver tudo pessoalmente, as grandes ficções em livros, peças e filmes seriam impossíveis. Não precisamos colocar a mão no fogo para saber que queima. Já vimos o que aconteceu com outros que fizeram isso e há informações suficientes disponíveis sobre as conseqüências. Todos temos as nossas experiências, a imaginação, e um dos maiores poderes da imaginação humana é a capacidade de nos colocarmos no lugar de outra pessoa. Você pode chamar de empatia ou solidariedade, mas isso é apenas o básico para que sejamos capazes de construir relacionamentos. Somos todos seres humanos e, portanto, nada do que é humano é desconhecido para nós. Todos os livros são limitados e enriquecidos pelo conhecimento e experiência do autor. Nós acreditamos que podemos trazer uma riqueza de experiências sobre relacionamentos para este livro.

A segunda questão deriva da primeira. O quanto podemos generalizar sobre relacionamentos se somos todos tão diferentes? Generalizações proporcionam direcionamento e pontos de partida; contudo, sua própria experiência é sempre verdadeira. As generalizações sempre têm exceções, no entanto, elas ajudam a esclarecer o assunto, seja endossando sua própria experiência ou permitindo que você a compreenda mais claramente pelo contraste.

Inevitavelmente, nossas crenças neste assunto rico e controverso afetam o modo como escrevemos o livro. Se você discordar de algo, tudo bem; não buscamos infalibilidade.

Construir bons relacionamentos é uma jornada. A própria palavra é estática, mas a realidade muda a todo instante. Nunca há um momento em que você pode parar e pensar: "Certo. É isto. Eu consegui. Estou em um relacionamento bem-sucedido." O momento em que você fizer isso será o momento em que seu relacionamento começará a se deteriorar. Os relacionamentos são criados a cada momento a partir do que você está fazendo naquele instante propriamente dito. Esperamos que este livro possa mostrar a você como criar relacionamentos cheios de alegria e satisfação.

Robin Prior
Joseph O'Connor

Agradecimentos

Por seu trabalho na PNL, gostaríamos de agradecer a John Grinder e Richard Bandler, os precursores, e a Robert Dilts, que muito acrescentou. Agradecemos também aos seguintes nomes por seus trabalhos nos campos do comportamento humano e relacionamentos: Charles Darwin, Eric Berne, Richard Dawkins, Desmond Morris, Sue Quillian, Dra. Janet Reibstein, Marton Tysoe, Dr. Clive Bronhall, Anne e Bill Moir, David Jessel, John Gray, Robin Norwood e Cathy Troupp. Por seu aconselhamento e sabedoria, gostaríamos de exprimir nossa gratidão a Fran Reader, David Walker e Sverrir Olafsson. Mais uma vez, nosso muito obrigado às nossas editoras na Thorsons, Carole Tonkinson e Elizabeth Hutchins, por tornarem este livro possível.

"This Be the Verse" em *Collected Poems*, de Philip Larkin, ©1988, 1999, o patrimônio de Philip Larkin, é reimpresso com a permissão de Farrar, Strauss e Giroux, LLC e Faber et Faber Ltd.

Acima de tudo, agradecemos à esposa de Robin, Debbie Prior, por sua inspiração, apoio e amor.

Introdução

Robin Prior

• Eu não me lembro de quando minha voz interior chegou. Certamente, foi muito cedo. Até então eu só havia feito coisas sem pensar. Ela deve ter vindo como parte do pacote com sarampo, caxumba e dentes de leite. Eu me recordo que ela estava lá quando eu comecei a freqüentar a escola, dizendo para mim o que colocar na mochila e como jogar bolinhas de papel sem ser pego. Ingenuamente, eu achava ser a única pessoa que possuía tal voz, da mesma forma que algumas crianças têm amigos imaginários a quem apenas elas podem ver e com quem apenas elas podem conversar. Eu sentia que aquilo me tornava especial.

Essa voz começou baixo, assim como eu, e sussurrava no meu ouvido como o periquito australiano manso do meu avô. Quando ela se acomodou, passou a crescer comigo, dando conselhos sobre tudo, mesmo quando eu não queria — aonde ir, com quem conversar, o que fazer e o que eu poderia alcançar. A voz tinha uma opinião a dar sobre tudo na minha vida, falava constantemente. Ela decretava por quem eu iria me apaixonar e com quem eu poderia namorar. Era uma manipuladora independente e nunca assumia a culpa pelo que saía errado. Corações partidos e relacionamentos insatisfatórios eram de minha responsabilidade. Nesse ponto, ela estava sempre em silêncio.

Eu tratei essa voz como um guia que me ajudaria a fazer o que fosse melhor para mim. Contudo, com o passar dos anos, após ter experimentado as conseqüências de erros repetidos, eu suspeitei de que ela não soubesse tudo o que eu achava que ela sabia. Embora suas intenções fossem bem fundamentadas, eu detectei que ela era suscetível a erros. Então comecei a desafiá-la. Ela era hábil nas suas respostas, contra-atacando meus desafios como um esgrimista experiente, sempre com uma desculpa ou explicação.

À medida que a ouvi mais atentamente, percebi que não havia apenas uma voz, mas várias, e elas discutiam entre si na minha cabeça até que uma conseguia o domínio. Elas se embolavam como roupas na máquina de lavar, enrolando-se umas nas outras, se movendo e mudando seus padrões rapidamente, se contradizendo e me deixando sem saber onde uma começou e a outra terminou.

Conhecer essas vozes representa diferentes aspectos de mim mesmo, eu agora entendo muito mais por que e onde os relacionamentos passados deram certo e errado. Eu agora sei o que os faz darem certo para mim e para a pessoa com quem estou. E eu sei como dar apoio aos meus filhos para que eles possam ter relacionamentos que tragam mais prazer do que dor e tornem suas vidas maiores em vez de menores.

Então, o que são essas vozes? Como elas são diferentes? Deixe-me retornar para uma noite quente, com música tocando. Eu estava em uma festa e vi a garota mais linda do mundo. Vislumbrá-la me colocou no piloto automático. Comecei a sentir calor, meu coração passou a bater acelerado, os sons no ambiente ficaram distantes e minha visão ficou meio borrada. Tudo ficou vago e melancólico, menos essa garota. Eu precisava conhecê-la como nunca precisei conhecer alguém antes, e ninguém iria impedir-me. Eu era um touro bufando, um garanhão arrastando o casco e um gorila dando socos no peito — e com paixão de sobra para correr uma maratona. As pessoas estavam conversando, mas eu não estava ouvindo. A intenção preencheu meu corpo como aço quente. Uma voz em meu ouvido deu uma mensagem clara: "Ela é sua, vá em frente." A voz veio do fundo do meu estômago. Era uma voz forte, determinada, quase cruel, com uma textura que eu quase podia sentir. Parecia azul-escuro na cor e era quente como vapor.

Então, um outro homem aproximou-se da minha garota e eu senti meu coração cair no chão no momento em que a raiva me subiu à cabeça. Como ele podia se intrometer no que era meu? Ele havia invadido meu território. Eu senti ainda mais calor. Eu olhava descrente e furioso enquanto aquele homem e minha garota iniciaram uma conversa instantânea. Ela ria das suas piadas. Ficava vermelha quando ele falava.

Então minha voz instintiva e outra voz vieram à minha mente com rumores pesados de sentença, lembrando-me do meu lugar neste mundo. Ela me disse como eu sou relativamente pouco atraente e o que eu poderia conseguir com as mulheres. "Garotas estonteantes assim não se interessam por homens como você", a voz disse em um tom como se eu fosse uma criança. Essa voz protetora era uma fusão de todas as pessoas que sempre souberam o que era melhor para mim. Ela restabeleceu minhas limitações. A voz queria cuidar de mim, fazer o que era melhor para mim e não me expor a situações das quais eu pudesse sair magoado. Ela falava rápido e me fazia sentir fraco. Suas críticas me deixavam deprimido, me mantinham sob controle e longe dos caminhos perigosos.

Na manhã seguinte, estava eu deitado na cama ouvindo o velho bom senso pegando o microfone e me livrando das vozes como sempre. A decepção foi deixada de lado. Eu respirei fundo e pensei no céu azul e no mar calmo. Pensei sobre o futuro, o que eu tinha a oferecer e me lembrei de pessoas que me disseram que eu era atraente sem chamar a atenção. O caminho para o sucesso, aquilo me lembrou, era repleto de decepções. Eu percebi que muitas garotas estavam interessadas em *status* do mesmo modo que os homens estavam preocupados com a aparência, e naquela época eu não tinha *status* para exibir e nem para tirar proveito. Eu percebi novamente que não poderia parecer atraente para todas as mulheres e que eu era melhor criando relacionamentos com mulheres que valorizavam minhas qualidades. Essa voz calma, impassível, ajudou-me a pensar sobre o ocorrido e a chegar a conclusões racionais despojadas de paixão ou emoção. Era como ter o Dr. Spock de *Guerra nas estrelas* do meu lado.

Aquele episódio demonstra as três vozes que influenciaram os relacionamentos que eu formei. Primeiro, o meu impulso básico e genético — o instinto e os impulsos que vivenciei. Segundo, aquilo em que eu aprendi a acreditar como sendo verdade sobre mim mesmo e sobre o mundo à medida que fui crescendo. E, terceiro, meu intelecto e bom senso. Embora estejam separadas, essas vozes quase nunca operam totalmente sozinhas. Elas trocam de lugar e se entrelaçam como espaguete em um prato. Nenhuma delas pode trabalhar sem a influência das outras, ainda assim elas podem assumir o comando em um piscar de olhos.

Desde que me familiarizei com essas três vozes, percebi que os outros as têm também. Eu tive um caso alguns anos atrás com uma mulher que havia deixado o marido na época. Quando estávamos juntos e ela ficava dominada pela paixão, ela dizia constantemente: "Eu não deveria estar fazendo isso." O que eu via me dizia que ela queria estar comigo. O que eu ouvia me dizia o contrário. Sua voz instintiva guiava o que ela fazia e sua voz condicionada guiava o que ela dizia.

Houve uma manhã fria de inverno na qual tomamos café em um restaurante pequeno. As pessoas passavam do lado de fora, enroladas em casacos, com os ombros encolhidos como se estivessem tentando desviar-se do vento frio, desavisadas sobre a intensidade da emoção expressa calmamente sobre aquela toalha de mesa quadriculada. Era quase surreal, nós dois presos nessa bolha de sentimentos delicados e frágeis, moldando nosso futuro como se ele fosse argila molhada em nossas mãos, enquanto lá fora era apenas o tempo e os empregos que importavam. Minha amiga havia pensado sobre sua vida e estava disposta a tentar novamente com o marido. As três vozes dela concordaram em deixar seu bom senso ditar o caminho a seguir. Embora eu me sentisse atraído e gostasse de estar com ela, pude ver que ela havia tomado a decisão correta. Meu bom senso disse adeus a ela. Mas quando eu me despedi minha voz instintiva gritou que eu era um idiota e me lembrou do prazer e da intimidade que eu estava deixando ir embora.

Ao ler isso, você pode já ter algumas idéias sobre qual dessas três vozes exerce maior influência nos relacionamentos que você constrói. Você pode ser o tipo de pessoa guiada pela atração instintiva e então deve ouvir mais a sua voz genética. Você pode ser do tipo limitado por crenças sobre si mesmo ou sobre o sexo oposto que impedem você de estar inteiramente com a outra pessoa. Ou você pode ser do tipo lógico demais e sem romance e ter o Dr. Spock como um companheiro constante. Ou você também pode ter as três vozes cantando em harmonia.

Não importa o relacionamento e a compreensão atual das suas vozes interiores, este livro foi feito para ajudar você a conhecê-las melhor e a entender como elas influenciam seus relacionamentos. Relacionamentos bem-sucedidos envolvem trabalhar com nossas inclinações genéticas e instintivas, ter crenças, valores e uma auto-imagem que dêem apoio a relacionamentos bem-sucedidos e um nível de bom senso que não termine com o prazer de estar com outra pessoa. Então suas três vozes estarão cantando em harmonia. E você pode permitir que seus relacionamentos sejam o que você deseja.

PROGRAMAÇÃO NEUROLINGÜÍSTICA

Nós estaremos utilizando algumas idéias da Programação Neurolingüística (PNL) para explorar os relacionamentos, porque a PNL é sobre como criamos nosso próprio e único mundo subjctivo com todas as suas dores e prazeres. A PNL começou com "padrões" — como as pessoas fazem o que fazem? Como os melhores comunicadores atingem seus resultados? O que eles fazem de diferente? Nós podemos refazer estas perguntas para aplicá-las aos relacionamentos. Como você cria um relacionamento satisfatório? O que as pessoas que têm bons relacionamentos fazem de diferente?

A PNL pode nos ajudar a entender a nós mesmos e os outros, e mostraremos várias maneiras para que você melhore os seus relacionamentos, porém esta é uma questão tão importante que este livro irá além da PNL em sua abordagem.

Você não precisa ter nenhum conhecimento prévio de PNL para aproveitar e usar este livro.

Capítulo 1

Nossa voz instintiva

AS MULHERES DANÇAM PARA TRÁS

O Robin sentou-se em um bar recentemente fingindo ler um jornal e ouviu um grupo de homens bem vestidos, de aparente sucesso e bem educados colocando o mundo em ordem. Eles levaram cerca de dez minutos para encontrar uma solução para os percalços de suas empresas, outros cinco minutos para desabafar suas frustrações por serem jovens demais para aplicar os seus planos e mais uns 20 minutos para desenvolver uma estratégia que resolvesse as dificuldades econômicas do mundo. Aí então eles começaram a conversar sobre mulheres. O assunto levou um pouco mais de tempo. Essa longa deliberação, de acordo com eles, resultou mais pela inconsistência feminina que por sua própria inabilidade de compreender seu universo psíquico.

Embora eles tivessem tomado algumas bebidas e a conversa tivesse ficado mais nebulosa a cada rodada, eles estavam certos de que não havia um homem vivo que pudesse entender como funciona a cabeça de uma mulher. E não havia uma mulher que fosse capaz de entender um homem. Na seqüência de outra meia hora de debate acalorado, que se transformou em uma avaliação crítica de todas as mulheres, um homem bem convincente balançou as mãos e disse, como se tivesse tropeçado na verdade suprema: "E você sabe o que é pior nas mulheres? Bem, eu vou dizer a vocês o que é pior nelas. Eu as escuto conversando durante o café. Sempre que estão juntas, tudo o que elas fazem é falar mal dos homens."

É óbvio que homens e mulheres são diferentes. Isso já foi reconhecido amplamente desde que caçávamos com lanças, com exceção de algumas décadas no século passado quando ao tentarmos reconhecer homens e mulheres como iguais nós esquecemos de que as pessoas também podem ser diferentes e iguais. As obras de Shakespeare e de outros grandes escritores mostram como os homens e as mulheres respondem de maneiras diferentes às situações. O modo como as leis foram feitas, o direito ao voto e muitos outros exemplos sociais, políticos e legais demonstram que historicamente não apenas os homens e as mulheres foram reconhecidos como diferentes, mas eles também foram considerados — por muitos homens — desiguais. O porte físico permitiu ao homem a dominação na maior parte dos campos humanos, mesmo naqueles em que o tamanho é uma desvantagem.

Quando criança, Robin perguntou à sua mãe por que havia mães e pais. Provavelmente temerosa em relação a uma pergunta sobre os fatos da vida, ela disse que as mães tinham cabelos compridos e dançavam para trás. Mesmo assim, Robin soube que aquilo não respondia a sua pergunta e, além disso, ela disse aquilo de uma maneira que ele ficou com a sensação de que havia muito mais a ser descoberto.

Muitas pessoas vêem homens e mulheres como água e óleo, incompatíveis para sempre, unidos pelo maior dos prazeres apenas por motivos de reprodução. Certamente, nossos instintos e impulsos biológicos têm uma grande influência nos relacionamentos que criamos. Como parte de nossa herança genética, nós buscamos o sexo não apenas por prazer, mas também em um nível mais profundo, para a perpetuação da espécie, para deixarmos nossa marca no mundo através de nossos filhos. O sexo é uma maneira por meio da qual podemos alcançar a imortalidade. Porém, encontrar um parceiro é freqüentemente retratado como um ato de esperteza e manipulação, uma combinação de furto e sedução na busca de alguém sem o qual você gostaria de poder viver — o homem é o caçador e a mulher é a caça.

Homem primitivo

Vale a pena ver como a nossa história ainda influencia nosso comportamento em relacionamentos íntimos. Em um mundo primitivo da Idade da Pedra, era mais prático para os homens e as mulheres se especializarem em habilidades e atitudes diferentes. Não havia sentido em duplicar as capacidades — o mundo era um lugar perigoso, o alimento não era um direito, nem mesmo era garantido, e se perder não significava ter de comprar um mapa, mas sim arriscar ser morto por animais ou inimigos.

Hoje o mundo é um lugar muito diferente. Ironicamente, muitos dos aspectos que tornaram os homens e as mulheres especialistas agora trabalham contra nós, tornando mais difícil e não mais fácil construir relacionamentos que preencham nossas necessidades agora e no futuro. Sobreviver agora é fácil. A mortalidade infantil é apenas uma pequena fração do que era. A vida é um direito; hoje estamos apenas preocupados com sua qualidade. Nós queremos mais, desafios diferentes e outros meios de satisfação. Para alcançarmos isso precisamos de relacionamentos que não afundem até o joelho na lama das exigências primitivas. No entanto, de algum modo ainda usamos nossas peles da Idade da Pedra por baixo e nossas belas roupas do século XX. Elas causam coceira, especialmente na companhia do sexo oposto. De alguma forma, precisamos lidar com os sentimentos moldados por milhares de anos de evolução e um curto período de vida.

Conexão difícil

Com todo o trabalho excelente e esclarecedor atualmente sendo feito pela genética, agora estamos mais conscientes da influência que nossa "conexão difícil" exerce sobre nosso comportamento. Hoje somos capazes de ver obesidade, doenças, violência, orientação sexual e outras variações da "regra" popular como algo que os indivíduos podem carregar em seus corpos. A genética pode ajudar a sociedade a assumir uma abordagem diferente, e de preferência mais proveitosa, para muitos problemas sociais. Foi o estudo da genética que nos permitiu dizer que os homens e as mulheres são diferentes.

No entanto, o perigo desse estudo da genética é que ele fornece uma desculpa e uma justificativa fácil para comportamentos que julgamos ser anti-sociais. Os homens cometem 82% dos crimes verificados no Reino Unido. Este fato é de total conhecimento da força policial e é um instrumento no planejamento das prisões. Os homens cometem uma porcentagem ainda maior de crimes violentos. Esses números mudaram pouco nos últimos 30 anos e se repetem na maior parte do mundo. É bem verdade que o condicionamento social possui um papel importante nesse desequilíbrio do comportamento criminoso entre homens e mulheres. Contudo, as evidências e as pesquisas sugerem que há uma base genética para grande parte desse comportamento anti-social.

O que mais então? Devemos levantar e pôr as mãos para o alto em sinal de derrota e dizermos: "Bem, é assim que os homens são, então deixe que eles levem isso adiante." Isso seria absurdo. Muitas pessoas, contudo, estão colocando as mãos para cima e dizendo: "Este é o meu destino e não há nada que eu possa fazer", quando é óbvio que o que elas estão fazendo diz respeito somente a elas mesmas. Se você quer que seus relacionamentos não saiam do lugar, então apenas culpe seus genes femininos ou masculinos pelas suas falhas. (E culpe os genes das outras pessoas pelas falhas delas também.)

A civilização pode ser vista como o processo e o resultado de se criarem canais e controlarem aqueles impulsos instintivos para o bem maior — o bem maior sendo a sobrevivência e a felicidade de todos, porque no fim das contas basicamente nós somos seres sociais e não sobrevivemos sem os outros. Então, mesmo que ainda carreguemos esta "conexão difícil", não há desculpa por deixar o primata dentro de nós nos manter na floresta. E se homens e mulheres têm uma "conexão difícil" e são diferentes, isso é maravilhoso. "Diferente" não significa superior ou inferior. Quando os homens e as mulheres se unem em um relacionamento satisfatório, há uma celebração da diferença. Vamos aproveitar a diferença. Vamos construir uma equipe para o futuro, fazer o melhor pela herança genética que iremos deixar.

AS TRÊS VOZES

Nossa voz instintiva impulsionada geneticamente é uma alegria. Ela nos faz nos sentirmos vivos. Nos preenche de paixão e nos dá prazer. Ela vira nossa cabeça quando alguém lindo ou linda passa pelo ambiente. Faz os nossos ouvidos coçarem quando ouvimos uma voz atraente do sexo oposto. Ela nos proporciona prazer nos braços de nossos amantes.

Segundo, existe a voz da civilização, a voz social. Ela vem da sociedade e da cultura nas quais vivemos. Essa voz nos permite viver em grupo. Enquanto a mensagem é da sociedade como um todo, os principais mensageiros são nossos pais. Eles também acrescentam todos os tipos de mensagens próprias, como em uma brincadeira de telefone sem fio.

A voz de condicionamento pode abafar muitas outras, ela afeta nossas crenças, valores, pensamentos e ações. Parte do trabalho de amadurecimento é ir além das mensagens e influências restritivas de nossos pais, depois de nossa sociedade, do lugar onde nos sentimos em casa no mundo e não apenas em nossa vizinhança.

Terceiro, há a voz de nosso intelecto. Calma e tranqüila como sempre, ela nos diz o que faz sentido.

Tanto o homem quanto a mulher possuem essas três vozes. Eles podem ter um equilíbrio diferente ou uma seqüência própria para cada uma delas. Elas podem sussurrar mensagens diferentes em tons variados.

O primeiro desafio em criar relacionamentos satisfatórios é acomodar a energia da nossa voz genética. Ela é mais profunda que a social, algumas vezes pode se manifestar de maneira violenta e pode ser intempestiva. O segundo desafio é encontrar um lugar para a voz social para que ela abafe a alegria e a energia da voz genética. O terceiro desafio é acomodar o intelecto, porque também temos uma vida fora dos nossos relacionamentos íntimos. Enfim, esperamos atingir um estado de paixão moderado pela sociedade e guiado pela razão.

A chave para um relacionamento bem-sucedido é conhecer as suas próprias três vozes, as vozes de seu companheiro ou sua companheira e trabalhar junto para que as seis cantem em harmonia.

Então, bons relacionamentos significam um acordo inquietante entre natureza e educação? Não necessariamente. Não a menos que essa voz instintiva seja a única em que você preste atenção. Nossos genes são apenas uma influência de como nos relacionamos com os outros. As diferenças genéticas irão apenas inibir a maneira que somos uns com os outros se quisermos que isso aconteça. Nossos impulsos genéticos podem servir para nos fazer compartilhar ou para nos manter isolados, assim como uma faca pode servir para talhar um bom móvel ou apunhalar alguém.

Por que estamos olhando para os relacionamentos usando essas três vozes e não estamos abordando o relacionamento como um todo? É porque abordar um assunto sob uma perspectiva maior e examinar as suas partes componentes nos permite adquirir mais conhecimento. Com esse conhecimento nós podemos ver como as partes se combinam para tornar um relacionamento harmonioso. Dessa forma, podemos entender a nós mesmos e aos outros ainda melhor. E com maior compreensão podemos tornar nossos relacionamentos mais satisfatórios.

Se olharmos para o tênis, por exemplo, no contexto amplo de um esporte de competição, podemos entender melhor a motivação, a atração e o papel que ele preenche. Então podemos olhar para os diferentes jogadores, estilos e papéis envolvidos para compreendermos como os detalhes constroem o todo.

Assim, se olharmos para as várias partes complementares que fazem um relacionamento dar certo (ou não), poderemos então obter uma melhor compreensão de como o todo pode ser melhorado. Seremos capazes de identificar os pontos fortes e as fragilidades de cada um no relacionamento.

Entender nossas três vozes também nos irá ajudar a nos entendermos como um todo. A voz genética não é a vilã das três, a não ser que alimentemos isso. Se nós domarmos nossos impulsos genéticos para construir um relacionamento que tanto nós quanto nossos companheiros ou companheiras desejam, eles irão manter-nos unidos, impedir que uma das partes se distancie e construir um laço que nos permitirá crescer e ter a vida que sempre sonhamos. Estar em relacionamentos que dão certo não é uma ciência espacial — é muito mais importante que ciência espacial.

RELACIONAMENTOS BONS E RUINS

Eu (Robin) me lembro de que durante a Primeira Guerra meu avô estava encarregado de um veículo puxado a cavalo para carregar munição para o arsenal que estivesse necessitando na linha de frente. Ele tinha apenas 16 anos e era muito jovem para lutar, embora já fosse velho o suficiente para ser morto. Um belo dia, ele estava sentado em seu veículo, que estava sendo carregado com munição para ser levado às tropas no campo de batalha. Em meio a todos os barulhos, à fumaça e ao mau cheiro do combate, seu cavalo normalmente obediente recuou e assustado fugiu, levando meu avô e o veículo com ele. Segundos depois, uma granada alemã explodiu onde meu avô e seu cavalo paranormal estavam aguardando momentos antes.

Meu avô sustentou até o momento de sua morte, já bastante idoso, que o cavalo ouviu a granada vindo pelo ar, a distinguiu das outras que estavam explodindo e bateu em retirada. Eu não sei se o cavalo ouviu a granada ou não, mas a sua fuga salvou meu avô e, pela contagem atual, 37 descendentes.

Obviamente, faço parte dessa linhagem, sou um homem com um grande carinho pelos cavalos que fogem. E tenho três filhas. Cada uma delas existe porque um espermatozóide no meio de 280 milhões fecundou um óvulo específico. Se outro espermatozóide fosse um melhor nadador do que o que venceu a corrida, minhas filhas seriam diferentes. Minhas duas filhas mais novas só existem porque eu tropecei na mala da minha futura esposa no saguão de um hotel. Se eu não tivesse mudado de direção sem pensar ou ela não tivesse colocado a mala no chão, nós nunca teríamos conversado. Se ao ler este livro você examinar a seqüência de eventos pouco provável que levaram você a ser o que você é hoje e a chegar aonde chegou, ele fará parecer que ganhar na loteria é algo muito fácil. E que razão há em ganhar um prêmio tão difícil e não utilizá-lo? Nascer é uma oportunidade única na vida. E provavelmente a influência mais importante na qualidade da sua vida são os relacionamentos que você cria.

Então, que influência os relacionamentos têm na sua vida? Qual é a razão de se esforçar para fazê-los darem certo? Para descobrir isso, tente visualizar o exercício a seguir.

Pense em dois relacionamentos específicos, um bom e outro não tão bom. Se você não tiver um exemplo de um ou dos dois, então invente para realizar exercício.

Primeiro, pegue o relacionamento que não era tão bom. Relembre-o e mentalmente se coloque de novo próximo àquela pessoa.

Feche os olhos, imagine-se novamente na companhia daquela

pessoa. Não se coloque na imagem, mas olhe-a através de seus próprios olhos, como se você estivesse lá agora.

Imagine-a o mais claramente possível. Veja sua complexidade, as cores dos olhos e do cabelo da pessoa. Lembre-se dos lugares onde vocês costumavam se encontrar.

Agora ouça a voz da pessoa e o tipo de conversas que vocês tinham, e escute os sons associados a isso. Depois, ouça sua voz interior. Ela diz alguma coisa?

Depois perceba que sentimentos você experienciou e onde esses sentimentos estão localizados em seu corpo.

Eles são leves ou pesados?
Seu nível de energia sobe ou diminui?
Sua respiração é afetada?

Agora, pegue esses sons, imagens e sentimentos e, na disposição de ânimo em que você se encontra neste momento, pense no futuro e em como a vida poderia ser para você.

Então, respire fundo e saia desse estado de sensações que você criou ao longo do processo. Livre-se das imagens, dos sons e dos sentimentos.

Depois repita o processo, colocando-se desta vez em um relacionamento melhor. Imagine-se novamente com aquela pessoa.

Enxergue-a com os olhos de sua mente, como se estivesse de novo com ela. Lembre-se do que você viu, do que ouviu e de tudo o que a sua voz interior lhe disse, e perceba como se sente.

Crie novamente as cenas, relembre o tipo de conversas que vocês tinham.

Esteja dentro de si mesmo vivenciando essas lembranças.
Continue com essa experiência até que a lembrança torne-se o mais viva possível.

Como essa experiência positiva influencia seu humor para o futuro?

Este exercício simples irá mostrar a influência que relacionamentos positivos podem ter no modo como você é e como o futuro pode ser. Um relacionamento ruim nubla o futuro; um bom relacionamento o ilumina. Um relacionamento ruim suga sua energia e um bom relacionamento lhe dá energia. Um relacionamento é uma influência importante em todo o seu estado emocional e esse estado de espírito influencia o modo como você enxerga o mundo, seus níveis de entusiasmo e o que você acredita ser possível.

A SOBREVIVÊNCIA DO MAIS ADEQUADO

A voz genética geralmente nos dá o ímpeto inicial na formação de relacionamentos sexuais. É parte do conhecimento instintivo com o qual nascemos para podermos sobreviver. Os bebês sabem como mamar no peito, eles choram para pedir ajuda e gritam quando estão sujos. Eles naturalmente estimulam os instintos de amor e proteção de seus pais, mesmo quando estes ainda tropeçam pela casa como zumbis por não conseguirem dormir muito. Os bebês aprendem a sorrir com apenas algumas semanas para despertar o amor em uma mãe cansada pela constante preocupação. Este amor e cuidado que os pais têm também são parte de nosso instinto em maior ou menor grau. Eu (Joseph) me lembro de olhar nos olhos da minha filha recém-nascida e ver o centro do mundo, profundo e tranqüilo. Era como olhar dentro da natureza humana antes de a sociedade tê-la modificado. Eu fiquei encantado. Era como olhar dentro de uma piscina de água muito limpa e ainda assim não conseguir enxergar o fundo. Nossos instintos vão tanto a lugares elevados como a lugares profundos.

Na maior parte do tempo, esses instintos são inconscientes. Nós o temos sem esforço. Algumas vezes, é preciso algum esforço para negá-los. Contudo, eles nascem com a gente.

Nosso conhecimento genético evoluiu conosco. Os genes são as ferramentas da evolução. Eles são as unidades da herança, milhões e milhões em cada cromossomo, 46 cromossomos em cada célula de nosso corpo. Eles são as instruções conectadas de nascença que passam de uma geração para outra, dizendo a cada uma que tipo de prole produzir. Eles influenciam tudo — tamanho, cor, força, resistência a doenças, capacidades reprodutivas e intelecto.

A transmissão dos genes foi compreendida muito antes de a própria palavra ter sido inventada. Amigos e parentes discutem há várias gerações sobre as características físicas herdadas pelos bebês. Eles olharam para uma pequena trouxa aos berros e toda amassada e perceberam semelhanças entre este projeto de barulho e sua bisavó de 90 anos.

As mensagens genéticas que trabalham positivamente e são compatíveis com o ambiente sobrevivem, ou, mais precisamente, elas aumentam a chance de sobrevivência das pessoas que as têm. Aquelas que não funcionam diminuem a chance de sobrevivência daqueles que as carregam; elas diminuem lentamente de uma geração para outra até desaparecerem.

Da mesma forma que os ambientes mudam, os diferentes genes também adquirem um valor de sobrevivência. Darwin chamava este processo de "sobrevivência do mais apto", embora possa ser mais bem compreendido como a sobrevivência do "mais adaptado" – aqueles que se encaixam melhor ao ambiente que habitam. Ser o maior, o mais rápido ou o mais forte nem sempre o torna o mais adaptado, como descobriram os dinossauros. Assim como os genes também não são simples carregadores, cada um com uma característica. Eles trabalham juntos, assim como a evolução é mais parecida com uma co-evolução de espécies que se equilibram e auxiliam umas às outras a sobreviver na roda da vida.

O animal mais veloz

A evolução é normalmente lenta. Nosso ancestral neolítico que arrastou pedras para fazer Stonehenge há mais de 4.500 anos era geneticamente quase igual ao homem moderno. O mundo, contudo, é agora muito diferente daquele no qual ele trabalhou.

A evolução é também paradoxalmente egoísta. Embora a sobrevivência e a reprodução dos mais aptos beneficiem o grupo ao qual ele pertence, a preocupação do indivíduo é com ele mesmo. A melhor maneira de garantir a sobrevivência do grupo é ter certeza de que cada indivíduo sobreviva. Quando uma gazela foge de um leão, ela tenta correr mais que o leão, é claro, mas ela também tenta correr mais que as outras gazelas. O leão pega então a doente, a fraca ou a mais lenta. As gazelas mais aptas sobrevivem e o grupo prospera, mas este é um pequeno consolo para a gazela que termina sua vida como jantar de leão. A sobrevivência do mais apto e a prosperidade genética do grupo são resultado do fato de todos cuidarem dos seus próprios interesses. Os seres humanos algumas vezes trabalham contra a sobrevivência dos mais aptos — nós voltamos e resgatamos o doente e o fraco que está sendo ameaçado.

De acordo com as leis da evolução, nosso principal objetivo como homens e mulheres é garantir que nossos *próprios* genes sejam passados adiante. Uma estratégia masculina primitiva para alcançar este objetivo é engravidar o maior número de fêmeas possível. Esta também é uma estratégia baseada na quantidade — um milhão de espermas por ejaculação significa que os homens podem ser pais de muitas crianças. Para controlar suas parceiras e mantê-las à distância de outros homens, ele precisa dominar o território. Quanto mais forte o homem, melhor é a sua escolha entre as mulheres. A estratégia feminina é baseada na qualidade — para poder cuidar melhor das poucas crianças que pode ter. Para fornecer abrigo para suas crianças, a fêmea precisava do macho por perto. Ela desenvolveu um sentido de relacionamento que o macho teve menos pressão evolutiva para alcançar.

Então, em um nível *puramente genético*, o macho precisa de território, de posses, da certeza da paternidade e de saber que suas crianças serão bem cuidadas. A fêmea precisa de genes de sobrevivência fortes para suas crianças, abrigo e proteção. Esses impulsos ainda habitam nossos seres. Eles ainda influenciam quem escolhemos como companheira ou companheiro e ainda precisamos saber mais sobre eles, enquanto percebemos que eles não são a história completa.

A química entre nós

Nós também estamos fisicamente "conectados" de certa forma. Os homens estão sob influência do hormônio masculino chamado testosterona. Isso é o que ajuda a construir força muscular. O que também torna os homens mais agressivos. Isso é uma influência poderosa no pensamento e comportamento sexual. Mulheres que recebem injeções de testosterona por necessidades médicas freqüentemente reclamam que estão pensando sobre sexo com muita freqüência. Então os homens perguntam: "Sim, mas isso não é o normal?"

O hormônio feminino equivalente é a ocitocina. Este é o hormônio que estimula o nascimento da criança e é usado para induzir o parto. Ele possui o efeito colateral interessante de causar amnésia. Ele também traz sentimentos muito fortes de relacionamento, criação e proteção. Então, a resposta para os problemas de relacionamento é simplesmente aplicar nos homens injeções de ocitocina? Não, porque ele não combina com o restante dos hormônios. A testosterona é um dos meios pelos quais a evolução faz o homem proteger, explorar e defender seu território. A ocitocina é o modo pelo qual a evolução garante que as crianças sejam cuidadas, protegidas e bem criadas. Do ponto de vista biológico, as crianças não precisam de dois pais ou duas mães, o ideal é um de cada.

Existe agora todo um campo de pesquisa, conhecido como psicologia evolutiva, que estuda os efeitos da evolução biológica nos traços psicológicos. O que isso parece mostrar é que homens e mulheres possuem valores diferentes e seguem em direções diferentes dado o modo como eles evoluíram. Os homens tendem para o lado dos valores de individualidade, justiça, direitos e atividade. As mulheres tendem mais para o lado da valorização dos relacionamentos, e tudo está relacionado a isso, incluindo cuidados e responsabilidade.

Assim como homens e mulheres não são iguais, dois homens e duas mulheres também não são iguais. Existe um perigo na generalização, assumindo um tipo de comportamento, aptidão ou atitude que pensamos ser comuns a um grupo de pessoas e depois aplicamos isso ao grupo inteiro, sem respeitarmos a variação individual.

O que nós evoluímos foi em uma variedade de estratagemas no que se refere a atrair um parceiro ou parceira ou mostrar-se atraente para os outros, incluindo malandragens, sedução, coerção, força, postura, vaidade, pose e conflito. Esses modos de comportamento são comuns pelo mundo animal, porque funcionam e são passados para as gerações seguintes. A evolução seleciona aqueles de ambos os sexos com maior ingenuidade e logro, assim como outros atributos. Na verdade, muitos artigos de revistas populares que oferecem ajuda em relacionamentos concentram-se nas habilidades da sedução, cilada e coerção. O homem e a mulher neolíticos iriam sentir-se em casa se dessem uma olhada nas bancas de revistas dos aeroportos.

Trabalho de equipe

Assim como os seres humanos evoluíram, homens e mulheres que se especializaram assumindo papéis diferentes alcançaram níveis mais altos de experiência, cresceram e tiveram mais descendentes. Aqueles que trabalharam em equipe "deixaram para trás" aqueles que não fizeram isso. Esse trabalho de equipe originou-se do objetivo comum de sobrevivência com o propósito de reprodução.

Por muitos milhares de anos, os casais que se basearam nessas necessidades primitivas deram certo. A tecnologia primitiva deu a eles abrigo, calor no inverno e alimento para sua prole. Com aspirações limitadas pelo nível de tecnologia e oportunidade, as exigências com os parceiros e parceiras eram limitadas. Quanto maiores eram as expectativas e possibilidades de vida, maiores eram as expectativas com relação ao parceiro ou parceira. Durante o século passado, nosso modo de vida e as pressões sobre os relacionamentos entre homens e mulheres mudaram como nunca, contudo nossos impulsos naturais se mantiveram. Hoje nossa voz instintiva nos ajuda a escolher parceiros ou parceiras com base no critério de sobrevivência de milhares de anos atrás.

O que podemos fazer é realizar nossa própria "adaptação acelerada" trabalhando nossos impulsos genéticos. Nós podemos aproveitar e mergulhar nos prazeres que esses impulsos nos dão enquanto solicitamos ao nosso intelecto que lide com aqueles que não irão contribuir com nossa vida agora. Sabemos que não precisamos mais de grandes territórios. Nós podemos gerar um relacionamento para nosso futuro que leve em conta os nossos desejos instintivos, a transformação pela qual o mundo passou e o que sabemos que dá certo intelectualmente.

A evolução não é apenas lenta, ela não possui destino. Se ela parece ter uma direção, é a que nós escolhemos de nossa posição privilegiada do topo da cadeia alimentar. Não existe um plano final, certamente não existe um do qual os seres humanos devam ser parte. Fazer tudo dar certo só cabe a nós mesmos.

NATUREZA *VERSUS* CRIAÇÃO

Nós ouvimos que pode ser difícil separar instinto de comportamento aprendido. Nossas ações são o resultado e a combinação dos dois, bem como as nossas diferenças. Muito do nosso condicionamento nasce de diferenças genéticas. É quase um clichê quando os meninos ganham soldados e bolas de futebol para brincar, enquanto as meninas recebem bonecas e roupas. Então, o condicionamento tende a reforçar as tendências que já existem em nossa biologia. No entanto, seria igualmente estúpido dar armas às meninas e bonecas aos meninos — toda criança deveria ter a chance de escolher seu próprio modo de incorporar seu gênero.

Além disso, as pessoas freqüentemente observam os pais para saber como tratar a criança. Eu (Joseph) me pareço muito com meu pai fisicamente e, portanto, já ouvi muitas pessoas dizerem como eu era parecido com ele em caráter. Elas partiram do princípio de que semelhança física significava semelhança de caráter. Então me diziam que eu era artístico, musical e pouco prático. Levou um certo tempo até que fosse possível diferenciar as minhas próprias qualidades daquelas que eram meramente atribuídas a mim por pessoas bem intencionadas. Eu decidi desenvolver meus talentos artísticos e musicais, mas de forma prática. Além do mais, pelo fato de meu pai ser ator, meus professores acharam que eu também podia interpretar e foram necessárias algumas péssimas apresentações na peça da escola durante três anos consecutivos para convencê-los do contrário.

Eu (Robin) tenho apenas algumas lembranças apagadas do meu pai, que faleceu quando eu tinha cinco anos. Quando era jovem, eu era cercado por pessoas bem intencionadas que me diziam o quanto ele tinha sido divertido e generoso. Elas também falavam continuamente sobre nossa semelhança física. Sem dúvida, apesar de não ter memória disso, eu devo ter aprendido algum comportamento dele. A pressão de ser comparado a ele também deve ter moldado algum comportamento meu. Eu era parecido com ele, portanto devia me comportar como ele. As pessoas agora me conhecem como um homem divertido e generoso. Mas o quanto de meu caráter foi herdado em meus genes e o quanto consiste em comportamento aprendido é impossível de se dizer.

Uma das maiores dificuldades em separar comportamento aprendido de características herdadas geneticamente é que nós tendemos a adquiri-las da mesma fonte. Se você acreditar que algumas das características mencionadas neste capítulo são aprendidas em vez de herdadas geneticamente, então tudo bem. Aprender pode reforçar, superar ou trabalhar junto com o comportamento instintivo.

A unidade familiar

Com bancos de esperma, inseminação artificial, clonagem e vários outros meios de propagação da espécie se tornando cada vez mais disponíveis no mercado, surge uma pergunta sobre a validade ou a necessidade da unidade familiar tradicional. Estudos sugerem que as crianças filhas de um único pai ou mãe parecem ter alguma desvantagem, embora isso possa ser parte do processo de aprendizado da sociedade. A sociedade ainda é organizada para favorecer a unidade familiar tradicional. É possível que no futuro possamos nos tornar mais organizados de modo que famílias de pai ou mãe solteiros prosperem mais que as famílias tradicionais.

Seja qual for a forma do grupo familiar ao qual pertencemos, nós queremos relacionamentos satisfatórios e felizes. Queremos nos sentir seguros e amados, e também buscamos dar em retorno segurança e amor. No entanto, a natureza ainda parece querer que formemos casais. Os evolucionistas sugerem que a família com um pai e uma mãe foi e provavelmente continuará a ser o modelo mais eficiente para se criar e educar uma criança. Na época de a criança atingir o amadurecimento, a população divide-se quase que igualmente entre homens e mulheres. Todavia, a taxa de natalidade é um pouco mais alta entre os meninos. Existem cerca de 106 meninos nascidos no mundo ocidental para cada 100 meninas. Isto compensa em termos os índices um pouco mais altos de mortalidade infantil entre os meninos. O que pode também refletir o papel masculino mais tradicional (e mais arriscado) de caçador, protetor e guerreiro. Na verdade, parece que após uma grande perda de homens, como ocorreu na Primeira Guerra Mundial, mais bebês meninos nascem, supostamente para restaurar o equilíbrio. Como a natureza "sabe"? Existem forças mais profundas em questão do que a nossa inteligência consciente.

Existe um mito em várias tradições de que o homem e a mulher foram originados de um ser que se dividiu. Conseqüentemente, cada um estará para sempre tentando se reunir com a sua metade perdida. "Minha cara metade" ainda é uma expressão usada para mencionar um companheiro ou companheira. O mito cristão de Adão e Eva possui a mesma idéia por trás dele.

Muitas pessoas que se divorciam ou se separam seguem a vida e casam novamente mais uma ou duas vezes. Isso sugere que desejamos ser parte de um casal, mas nem sempre acertamos na primeira tentativa.

Então, por que a evolução não tornou o laço entre o homem e a mulher mais forte? Diferentemente dos cisnes, que morrem com o coração partido após seus parceiros falecerem, as pessoas são consideradas pela evolução como preciosas demais para serem jogadas fora. Por essa razão, nos unimos com um pouco menos de força do que algumas espécies, porém com muito mais força do que outras, permitindo que qualquer um dos parceiros tenha novos relacionamentos caso seu parceiro ou parceira venha a falecer. Tudo bem, isso é compreensível. Esta capacidade de começar de novo, sem sentimentos de culpa com relação a um companheiro ou companheira que veio a falecer, permite que as pessoas tirem maior proveito da vida.

ESTEREÓTIPOS E DIFERENÇAS

A evolução nos empurra para o futuro por meio de nossas crianças. Quando temos filhos, no que se refere à evolução, nosso objetivo principal é mantê-los saudáveis até eles chegarem à idade adulta. Isso é o mínimo que se espera dos pais; mas, é claro, fazemos muito mais.

A responsabilidade parental na humanidade é muito maior do que em qualquer outra espécie. Se olharmos para algumas gerações anteriores, quando a expectativa de vida era mais baixa e as famílias, maiores que as de agora, veremos pessoas em cujas vidas adultas inteiras havia responsabilidade parental. Não havia descaso com os compromissos familiares, a não ser por causa da morte. Para tornar os cuidados dos pais e mães mais fáceis, homens e mulheres se especializaram em diferentes funções. Essas capacidades mentais e físicas ainda afetam o modo como nós abordamos essas atividades cotidianas agora e como escolhemos e tratamos nossos companheiros ou companheiras. Essas diferenças podem ser bastante satisfatórias — mas elas também podem estragar nossos relacionamentos. O propósito em olhar a diferença genética está em entender o conjunto do passado para poder moldar o conjunto do futuro.

A natureza tem dois sexos por razões muito boas, principalmente como a maneira mais eficiente de espalhar diferenças na população. Dizer que homens e mulheres são diferentes não transmite julgamento de valor sobre nenhum dos dois. Os homens são em geral mais fortes que as mulheres. O que não torna a força uma virtude e nem torna os homens mais virtuosos do que as mulheres. Tudo o que isso significa é que a maioria dos homens é mais forte que a maioria das mulheres. Algumas vezes a força é útil, outras, não. O que é importante é como essas diferenças afetam nossos relacionamentos. Se qualquer diferença for usada para forçar um parceiro a desempenhar um papel indesejado, então ela está sendo usada de forma errada, esteja ela sendo usada por um homem ou por uma mulher.

Existem estereótipos comuns de homens e mulheres. Eles brotam na televisão, nos jornais, nos filmes e nas conversas. Nós os exageramos mesmo que levemente. Você sem dúvida já ouviu variações deles.

De acordo com um estereótipo, todos os homens são uns brigões que só pensam em si mesmos. Só o que lhes interessa é futebol, cerveja e sexo, preferivelmente nesta ordem. Eles são desleixados e sujos, e nunca se lembram de aniversários, datas importantes ou onde deixaram as chaves do carro. As mulheres confiam neles e contam com a confiança deles por seu próprio risco. Se tiver alguma chance, o homem vai dividir seus segredos no bar mais próximo. Os homens, em resumo, se comportam mal. Eles sofrem de envenenamento por testosterona, passando de garotos do coral da igreja a homens de Neandertal carrancudos da noite para o dia. Os homens, citando Woody Allen, receberam um pênis e um cérebro, mas sangue suficiente para operar apenas um dos dois de cada vez. Nada mais a declarar.

Vamos manter o equilíbrio dos sexos dando o outro estereótipo. As mulheres amam fazer o trabalho doméstico e tomar café com as amigas. Suas alegrias consistem em fazer compras e conversar, e elas são boas em ambas as coisas. A única hora em que elas se interessam por sexo é quando outra mulher demonstra interesse em seu homem. Elas ficam mais felizes quando estão grávidas e os homens nunca devem pedir para elas tomarem uma decisão racional. Elas não são lógicas e pulam de um assunto para outro num piscar de olhos; elas não conseguem acompanhar um debate. Elas sofrem de envenenamento por ocitocina.

Resumindo, nas palavras de Aldous Huxley: "Mulheres menos homens é igual a lunáticas, homens menos mulheres é igual a porcos." Ou, nas palavras do comediante norte-americano Billy Cristal: "As mulheres precisam de uma razão para fazer amor, os homens precisam de um lugar."

Esses estereótipos são perturbadores, não? Eles são caricaturas, porém pioradas. Nenhuma pessoa é assim, embora isso contenha uma gota de veracidade em um oceano de ignorância.

Os estereótipos representam uma visão extremada, mas qualquer generalização pode deixar você cego para os pontos bons ou ruins de um indivíduo. Se na sua experiência você verificou que os membros do sexo oposto são amáveis e você parte do princípio de que todas as pessoas daquele sexo serão amáveis também, quando encontrar alguém que não seja amável isso pode magoar você. Da mesma forma, se você achar que todos os membros do sexo oposto têm uma fraqueza ou incapacidade específica, pode não enxergar o indivíduo que não é assim. Nós freqüentemente vemos o que esperamos ver. Ainda assim, somos todos únicos e devemos ser tratados como tal.

Algumas generalizações

Uma advertência antes de começarmos — essas são generalizações de uma perspectiva biológica apenas. Além disso, sempre existem exceções às generalizações, caso contrário elas não seriam generalizações e sim regras. No entanto, da mesma forma como podemos dizer que os homens são mais pesados que as mulheres sem querer afirmar que todos os homens são mais pesados que todas as mulheres, também podemos fazer algumas observações sobre gêneros para auxiliar o entendimento mútuo. Eis aqui algumas generalizações que parecem bem fundamentadas nas pesquisas atuais.

Os meninos demonstram um movimento mais vigoroso dos membros durante seu desenvolvimento inicial. Quando começam a caminhar, os meninos gostam de bater os brinquedos e entender os objetos quebrando-os. Eles são bem mais robustos e sobem mais nas coisas do que as meninas. Eles são mais brutos, violentos e barulhentos do que as meninas. Além de serem mais impetuosos também. As meninas falam, lêem, aprendem e entendem as interações humanas mais rapidamente. Elas são academicamente mais avançadas do que os meninos e têm um nível de inteligência mais alto.

O tamanho adicional do homem continua ao longo da vida. Os homens são em média 20% mais pesados que as mulheres e 30% mais fortes. Contudo, o diferencial de tamanho está nitidamente menor do que costumava ser, o que sugere que a evolução está fazendo a sua parte ao modelar o homem do futuro. Com este tamanho adicional, os homens são fisicamente muito mais agressivos. Eles têm uma história de lutas. E não há evidência concreta que o meigo herdará a Terra (a menos que o forte se renda sem lutar).

As mulheres, por outro lado, são menos vulneráveis a doenças do que os homens. Do ponto de vista biológico, o pai é mais dispensável, contanto que a mãe esteja por perto para cuidar da criança. As mulheres carregam mais gordura corporal, uma reserva para ajudá-las a atravessar períodos de inanição.

Os homens têm o nariz mais largo para inspirar mais oxigênio quando estiverem lutando. A voz do homem fica mais grave com a chegada de níveis altos de testosterona na época em que ele precisa parecer agressivo e lutar por companheiras. Sua barba cresce e fica semelhante à juba de um leão e parece um sinal de aviso aos outros homens de que existem novos genes no pedaço.

O fluxo de testosterona na adolescência torna os meninos anti-sociais e retraídos. Faz com que eles queiram ficar sozinhos ou junto a outros buscando a mesma necessidade de solidão. Parece que historicamente este comportamento anti-social precedia sua saída de um grupo e sua busca por um novo no qual ele lutaria por outras mulheres. Isto preveniria incesto.

Os homens assumem riscos maiores. Uma substância chamada MAO foi identificada no corpo humano; ela está ligada intensamente com o ato de assumir riscos. Os homens têm mais MAO do que as mulheres. Os jovens possuem mais do que os idosos, também. As pessoas interessadas em esportes radicais possuem mais MAO do que aqueles indivíduos que são envolvidos com passatempos pacíficos e menos perigosos. Criminosos perigosos têm mais MAO do que todo mundo.

Historicamente, o masculino tem sido o sexo que rompe fronteiras, surge com novas invenções e descobre novos mundos. Muita dessa supremacia aventureira deve-se ao fato da falta de oportunidade para as mulheres que vivem sob o controle masculino e a falta de relatórios precisos. Contudo, existe algo em muitos homens que os faz olhar para o horizonte e ansiar saber o que existe além daquilo. Os homens têm atitudes arriscadas, navegam próximo aos limites. Por isso, os machos mais destemidos foram os que conquistaram o maior número de fêmeas.

Os homens enxergam a maioria das coisas como um desafio. Eles são mais competitivos. O capitalismo foi desenvolvido para os homens e pelos homens. A noção de urgência no programa espacial norte-americano parece ter sido maior quando eles precisavam superar os russos. Os jovens são os soldados mais complacentes. A testosterona parece influenciá-los em duas direções: para matar ou fazer sexo. Quando os hormônios estão altos, eles não precisam de muitas justificativas para lutar por uma causa. Parte do seu risco assumido é uma sensação de indestrutibilidade e imortalidade, o que também é necessário a um bom soldado. Os homens mais velhos são mais propensos a buscar uma maneira mais fácil de resolver as questões. Talvez a redução da MAO e a consciência de que outros dependem deles, juntamente com a percepção de sua própria mortalidade, torna os homens mais velhos menos ousados.

A competição é tão instintiva para os homens que eles pensam ser natural a mulher querer vê-los praticar esportes. O futebol americano, com o tamanho dos jogadores exagerado por causa das proteções, a corrida em direção aos adversários como touros, com as animadoras de torcida do lado de fora como se fossem lindos prêmios para o vitorioso, é visualmente uma reencenação das *performances* primitivas de virilidade.

Apesar de serem jogadores de equipe, os homens gostam de ser bem-sucedidos sozinhos. Eles gostam de competência, eficiência e conquistas. E eles precisam saber que têm um objetivo. Precisam se sentir necessários.

Os homens são territoriais. Espaço, chão, terra e propriedade significam mais fêmeas. Eles também gostam de marcar seus territórios de alguma forma, estampar sua própria identidade neles. Na realidade, acredita-se que, quando um casal vai a um quarto de hotel, a mulher testa a cama e o homem urina no banheiro como uma reencenação moderna de seus papéis instintivos.

As mulheres, por outro lado, vêem de maneira bem clara os benefícios da comunidade, da cooperação e do relacionamento. Elas sabem como criar paz e harmonia. Elas não precisam de guerras ou conflito. Preferem ser felizes a estarem certas.

Os homens tendem a ser melhores em atividades únicas, enquanto as mulheres são boas em tarefas múltiplas. As mulheres possuem mais habilidade verbal. Por não poderem depender da força bruta, elas desenvolveram maior consciência e percepção social. Seus sentidos são mais aguçados. Elas entendem e valorizam mais as amizades. É por isso que é a mulher com maior freqüência quem segura a harmonia em um relacionamento. É por isso também que geralmente é a mulher quem termina o relacionamento, porque ela pode ver quando este não dará certo muito mais rápido que o homem.

Quando está nervoso ou perturbado, o homem quer se afastar e ponderar, para garantir que todos saibam que ele está ponderando. Contudo, os benefícios de ser egoísta, mal-humorado e ter raciocínio rápido não é tão óbvio. As mulheres tendem a querer conversar sobre as coisas, pensando à medida que conversam.

Então, homens e mulheres são diferentes. Esta não é uma conclusão nova. O que fazemos com essa descoberta? Uma escolha pouco útil seria passar o resto da vida tentando fazer o outro sexo enxergar as coisas como nós queremos que eles enxerguem. Os mesmos princípios amplos são aplicados aos relacionamentos do mesmo sexo. É uma derrota pessoal tentar fazer com que seu parceiro ou parceira veja, ouça e sinta da mesma forma que você. Este é o caminho da infelicidade para ambos os sexos. Se pegarmos as diferenças e tentarmos combinar habilidades e capacidades em prol das necessidades modernas, estaremos a caminho de um relacionamento melhor e mais satisfatório.

ATRAÇÃO E ATRATIVIDADE

A atração inicial é imediata e nem sempre baseada na aparência da pessoa. No entanto, uma pessoa que imediatamente dispara nosso coração pode muito facilmente apagar essas chamas se ela não se encaixar em outros aspectos. Há momentos, contudo, como nas férias ou bebendo algo alcoólico (ou os dois juntos para um efeito maior), em que as outras vozes levam mais tempo para serem ouvidas. Romances curtos tendem a ser guiados pela voz instintiva. Quanto mais tempo durar o namoro, mais tempo as outras vozes têm para dar a sua contribuição. No entanto, quanto mais tempo levar para o seu condicionamento e bom senso dizerem alguma coisa, maior será o seu investimento em tempo e compromisso. Você pode se ver com alguém de uma beleza enorme e com quem você não tem nada em comum e nenhuma desculpa aparente para sair do relacionamento. Neste caso, sua voz instintiva irá argumentar muito contra o término do relacionamento.

A atração geneticamente guiada é importante para nós porque ela nos impulsiona para o sexo que desejamos, enquanto nosso condicionamento tende a influenciar os relacionamentos que criamos. Falando de maneira geral, e novamente da perspectiva biológica, o que um homem acha fisicamente atraente em uma mulher são características que representam saúde. Eles querem uma fêmea que pareça ser capaz de prover genes saudáveis para unirem-se aos dele, consiga sobreviver à gravidez e ao parto e seja capaz de alimentar uma criança no peito até que ele, o macho, possa lhe dar o sustento. Se qualquer um desses três critérios não for atingido, então as chances de os genes masculinos sobreviverem são reduzidas. E embora, com o uso dos substitutos do leite e os cuidados médicos, a maior parte dos riscos da gravidez e do parto tenha sido eliminada, os olhos do homem ainda brilham quando ele vê qualquer um dos sinais de uma parceira adequada. A saúde se mostra no brilho dos cabelos, na vivacidade da pele e no cintilar dos olhos. À medida que envelhecemos, nosso cabelo, pele e olhos ficam mais secos e pálidos. Biologicamente, os níveis de umidade natural estão relacionados diretamente à fertilidade.

Para os olhos do homem, curvas suaves e cheias de contornos também são sinônimos de saúde. Não é o caso, porém, de quanto mais curvas mais atraente ela fica. Existe um ponto ideal, entre não ter bastante curvas e ter curvas demais. É a relação entre quadril e peso que é importante, e não o tamanho de um dos dois. Em algumas culturas e períodos não ocidentalizados na história européia, maior significava mais bonito. Esses períodos parecem ter ocorrido quando o alimento era menos abundante e com menos qualidade que os de agora. Então, ser gorda, apesar de aumentar o risco de doenças relacionadas com o peso, reduzia o risco de doenças relacionadas à má nutrição. Rubens pintou em uma época na qual isso era verdade. A simetria entre rosto e corpo também é vista como um sinal de saúde e, portanto, é atraente.

As mulheres também têm estratégias instintivas. Elas buscam genes fortes. Tradicionalmente, um homem bonito é aquele com músculos grandes, uma mandíbula forte e uma maneira agressiva. O segundo critério de uma mulher é buscar alguém que provenha abrigo e alimento, para que qualquer descendente possa ser criado com segurança e boa saúde, maximizando assim as chances de sobrevivência. Em épocas primitivas, esses dois critérios vinham geralmente no mesmo pacote. Altura, músculos, agressividade, força e o desejo de controlar e dominar normalmente geravam genes saudáveis e alguém ciumenta o suficiente para manter outras a distância. A inteligência é *sexy* também. Um homem inteligente é aquele que provavelmente tem um emprego bem remunerado e por conta disso é um bom provedor e protetor.

A necessidade de proteção está junto do desejo por poder, posição, *status* e influência em um parceiro macho. Como disse a mulher do presidente Mao: "Primeiro havia sexo e depois havia o poder." O fato de o poder ser *sexy* está relacionado ao desejo masculino de competir e dominar. É uma das razões pelas quais muitos homens lutam para alcançar o sucesso e se tornarem bem-sucedidos, algumas vezes à custa de sua saúde, seus amigos, seu passatempos e, ironicamente, da família que eles adquiriram enquanto se tornaram bem-sucedidos.

As mulheres também são atraídas por sinais de saúde no modo como os homens são. Contudo, em vez de curvas elas respondem a músculos, ainda que não seja a musculatura exagerada que você vê em competidores de fisiculturismo.

Elas tendem a enxergar atenções sexuais ou românticas como um potencial para um relacionamento de longo prazo. Para elas, sexo e relacionamento têm uma ligação mais próxima. Elas irão esperar que um relacionamento casual tenha a possibilidade de se desenvolver com o tempo. Os homens acham essa expectativa um pouco confusa e as mulheres podem considerar as estratégias masculinas de curto prazo insensíveis.

No momento parece haver uma mudança ocorrendo na atração feminina. Essa pode ser uma atração temporária, um modismo ou uma aberração. Pode ser a evolução se fazendo presente ou nosso inconsciente indo na direção de uma adaptação acelerada. Porém, os astros de cinema modernos parecem ser mais delicados e mais carinhosos que seus antecessores, brutos e espertos.

E é claro que a personalidade é importante. Ter senso de humor e ser gentil, amável, confiável e divertido são atributos mais importantes do que a aparência física e o *status*. Algumas dessas qualidades relacionam-se diretamente ao desejo por proteção. No entanto, muitos se importam mais com a qualidade de vida do que com sobrevivência e reprodução. Enquanto os homens vêem uma personalidade brilhante como um indício de que a mulher está em conexão com seu lado sensual, as mulheres parecem estar levando a atração a um nível mais alto.

Muitos trabalhos já foram feitos sobre a influência dos odores naturais do corpo na atração. A maioria dessas pesquisas vem de um desejo de tornar a atração sexual um produto e ganhar muito dinheiro. Nada vende tanto quanto sexo. A pesquisa sugere que, quando as mulheres ovulam, elas acham o cheiro dos feromônios masculinos mais atraentes do que em qualquer outro período do mês. Também parece que o próprio cheiro delas muda, e os homens inconscientemente sabem disso, e são atraídos por elas.

A pesquisa também sugere que tanto os homens quanto as mulheres se sentem atraídos por alguém com atrativos físicos semelhantes aos deles. O desejo de encontrar o parceiro ou a parceira mais atraente cria um desnivelamento. Nós descobrimos alguém que seja agradável esteticamente mas não a ponto de atrair alguém melhor que nós. Na realidade, essa necessidade por similaridade é conhecida há gerações. Jovens que levam para casa possíveis parceiros para mostrar a seus pais escutam de maneira direta se a pessoa é ou não boa o suficiente para elas. Essas avaliações instantâneas de pais protetores são geralmente baseadas na aparência física. Quando vemos homens e mulheres juntos e um é muito mais atraente que o outro, achamos que tem de haver algo mais para equilibrar a equação — dinheiro, poder ou personalidade.

Lembre-se de que essas são generalizações de apenas um ponto de vista — a visão biológica e instintiva. Essa não é a história completa. É claro que existem muitas outras influências em nossa escolha por um companheiro ou companheira, e os fatores sociais e o pensamento racional têm o seu papel, ainda que as atrações instintivas sejam fortes. Estamos separando essas linhas sociais, instintivas e racionais para podermos uni-las mais tarde.

Finalmente, eis aqui uma maneira para você poder conhecer melhor a sua voz instintiva.

Pense em um período em que você esteve extremamente atraído fisicamente por uma companheira ou companheiro, talvez pela sua aparência ou pela sua voz. Esqueça o que aconteceu depois, o importante é que a atração existia, você queria conhecer melhor aquela pessoa e era capaz de conversar com ela, mesmo que fosse por apenas um tempinho.

O que você viu que atraiu você?
O que na voz da pessoa atraiu você?
Quando pensa na pessoa, que tipo de imagem você tem?
Quais são as qualidades dessa imagem?
Ela é grande ou pequena, clara ou escura, parada ou tem movimento?

Ela é colorida ou está em preto e branco?
A que distância ela parece estar?

Que tipo de som parece estar associado à imagem?
Se você estiver dizendo alguma coisa a si mesmo, o que é?
Qual é a qualidade da sua voz interior?
Que tipo de sentimentos você tem?
Quais são esses sentimentos e quais são as qualidades deles?

Esse tipo de perguntas irá fazer com que você explore a sua voz genética, aquela parte que é imediatamente atraída por alguém, antes mesmo de conhecer a pessoa e antes de você ter a chance de deixar as outras vozes falarem.

Então, se a atração sexual é baseada na genética, ela ainda é importante? É claro que sim. Nós deveríamos resistir ao nosso apelo instintivo? É claro que não. Por que resistir a algo que nos dá tanto prazer? Se nós ignorarmos a importância que o apelo instintivo pode exercer em um relacionamento, estaremos cultivando o desastre. Se não estamos física e sexualmente atraídos por um parceiro no início, é mais difícil a relação crescer, mesmo que outras formas de atração se desenvolvam bem. Quando você permanece em um relacionamento com alguém que não atrai você de forma alguma, então está se preparando para trair. Se a voz instintiva for ignorada e guardada no armário, um dia, em um momento de fraqueza, alguém irá surgir e libertar a paixão dentro de você. A química sexual é necessária para distinguir um relacionamento romântico de uma amizade, mesmo que ela apenas satisfaça uma de nossas três vozes.

Capítulo 2

Nossa voz condicionada

• A voz genética vem com o nascimento; a voz condicionada, com a vivência em sociedade.

A voz condicionada apresenta três aspectos. Primeiro, ela é parte do que nos torna seres humanos. É a mensagem da sociedade em nossos ouvidos. Começa no momento em que nascemos e geralmente no tom de voz dos nossos pais. Poderíamos chamá-la de "a voz social". Desde as experiências de Pavlov o "condicionamento" teve uma pressão ruim, porque ele carregava a idéia de sermos limitados, de sermos controlados por um estímulo. No entanto, a voz condicionada pode limitar ou liberar. É necessário para nós que vivamos em sociedade, porque é apenas vivendo em sociedade e aprendendo a língua que preenchemos nosso potencial. Contudo, como veremos, isso tem um preço.

Segundo, a voz condicionada é feita de nossas crenças culturais, expectativas e visões de mundo. Isso influencia enormemente como reagimos ao poder, lidamos com autoridade e percebemos risco, e os papéis, responsabilidades e direitos de homens e mulheres.

Por último, essas mensagens condicionadas são retransmitidas por meio das pessoas, primeiro da família, depois dos professores, conhecidos e amigos. Esta é a parte da voz condicionada que nos interessa aqui. É aqui que as "condições" em que a voz se forma são cruciais.

Aprender

A voz condicionada é um resultado de nosso desejo insaciável por aprender. Nossa sobrevivência depende da capacidade de aprendizado. Os seres humanos levam mais tempo que outros animais para atingir a maturidade. Precisamos aprender o que outros animais sabem instintivamente. Isso significa que somos mais dependentes de adultos para cuidarem de nós e nos protegerem quando somos crianças, mas também significa que possuímos uma flexibilidade de pensamento e ação maior mais tarde, devido ao que aprendemos.

Os bebês são aprendizes vorazes. Assim como eles irão explorar e colocar todo tipo de coisa na boca, nem sempre comestíveis, nós também aprenderemos muito à medida que crescemos, apesar de nem tudo ser útil. Quando somos crianças, nós ainda não temos a consciência e a informação para fazermos julgamentos como o que é útil e o que não é; portanto, muito do nosso condicionamento apenas entra em nossas mentes sem ser examinado. Muito do que é reunido é absorvido sem restrição do seu potencial para bem ou mal. Somente mais tarde, se acontecer, nós examinamos criticamente nosso legado de condicionamento.

Nossos pais, o ambiente, a cultura e a criação moldam nossa voz condicionada. Partes dela são transmitidas de uma geração para a seguinte como uma velha coleção de áudio. Os padrões escoam nas gerações. Alguns condicionamentos param em um nível e não seguem adiante, enquanto muitos passam por várias gerações. Pare e pense em quantos "Júnior", "Filho" ou "Neto" você conhece.

Nosso condicionamento tem um papel importante nos relacionamentos que criamos porque ele influencia fortemente o modo pelo qual nos comportamos dentro desses relacionamentos. Nossa voz condicionada fornece as regras e limites pelos quais vivemos. Ela nos diz quem devemos ser, o que é certo e errado, o que é importante e o que fazer.

Nossa voz condicionada pode reforçar o instinto ou ir contra ele. Geralmente ela vai contra. Um condicionamento forte pode anular e reprimir os impulsos genéticos. Com muita freqüência, nossa voz condicionada é moldada por outros para conter impulsos que se originam de nossas necessidades instintivas inatas. Quando isso acontece, as vozes vão à guerra, lutam pela supremacia e pelo direito de serem ouvidas.

Se tanto do que somos já vem de dentro de nós, qual é a razão de termos espaço para comportamento e atitudes aprendidas que têm tanta chance de dar errado?

Uma das razões para isso é que temos muito a aprender. Apenas o comportamento mais simples pode ser instintivo; quanto mais complexo o comportamento, maior é a necessidade de aprendizado. A natureza negocia um longo tempo em estado dependente por um grande potencial de aprendizado. Aprender deve ser muito importante se a evolução está disposta a fazer essa troca. E, mesmo quando somos adultos, o aprendizado não termina. Nós aprendemos ao longo da vida.

Outra razão para termos tanto espaço para aprender é a completa diversidade de ambientes nos quais temos de viver. Se você nasce em uma família de esquimós com um conjunto completo de sabedoria esquimó e precisa mudar para o centro de Nova York, pode ficar incomodado com o fato de ser o melhor caçador de focas do seu quarteirão sem nenhuma habilidade para se livrar do tráfego. Nossa capacidade de aprender nos permite maximizar nosso potencial de sobrevivência (e conseqüentemente de imortalidade genética) onde quer que tenhamos nascido. Então, de certa forma, somos capazes de criar o nosso próprio destino. O ponto negativo é que, por estarmos tão abertos ao aprendizado, podemos aprender estranhos comportamentos, crenças e valores que nos podem impedir de alcançar nosso maior potencial.

NOSSO MUNDO E O QUE ELE SIGNIFICA

À medida que crescemos, percebemos que aqueles à nossa volta têm dois braços e duas pernas, uma cabeça, a mesma quantidade de características faciais, falam a mesma língua e comem a mesma comida. Não é de surpreender que, portanto, achemos que todo mundo vê, ouve e sente as coisas da mesma forma que a gente. Partimos do princípio de que todos partilham de nossa percepção de mundo e de tudo o que há nele. Nós descobrimos que não é bem assim da maneira difícil, por enganos repetidos. Podemos ter os mesmos sentidos, mas agimos em nossas *interpretações* do que vemos, ouvimos e sentimos — o que isso significa para nós. E todos nós criamos um significado um pouco diferente — às vezes até muito diferente — com relação à nossa experiência. Você já se perguntou em que tipo de mundo vive o seu companheiro ou sua companheira? O mesmo tipo que o seu, ainda assim, completamente diferente.

O que acontece é algo mais ou menos assim. Nós reagimos apenas a algumas de todas as visões, sons, odores, gostos e sentimentos possíveis que nos afetam. Há tanta informação à nossa volta que nós não poderíamos de forma alguma absorver tudo. Precisamos ser seletivos e simplificar o que notamos, caso contrário poderemos não processar as informações relevantes. Neste momento, você está ciente deste livro e talvez de algum barulho de fundo. Mas e as batidas do seu coração, o formato das suas mãos e a sensação dos seus dedos? É fácil nos tornarmos cientes de muitas coisas, mas geralmente precisamos de uma boa razão que direcione nossa atenção em sua direção.

Algumas coisas chamam nossa atenção imediatamente; essas parecem ser inatas, como o cheiro de fumaça ou a perda do equilíbrio. Do contrário, temos uma capacidade fantástica para simplesmente excluir o que percebemos. Eu (Joseph) aluguei um apartamento muito anos atrás que era bem em cima de uma estação de trens. Eu podia me debruçar na janela e jogar um papel no teto dos trens que passavam logo abaixo de mim. Nas primeiras manhãs, eu acordei com o primeiro trem por volta das cinco e meia. Depois disso, eu dormia com o barulho. O novo e o diferente chamam a nossa atenção. Quando deixa de ser novo, se torna "como as coisas são". A música de fundo vai desaparecendo no segundo plano, que nós não ouvimos. Nós excluímos visões, assim como os sons. O papel de parede que parece espalhafatoso quando mudamos para um lugar novo (e por que é que a pessoa que decora antes da gente sempre tem o gosto mais pavoroso possível para mobílias?) logo se torna parte familiar da casa.

Então, por exemplo, quando você conhece um parceiro ou uma parceira romântica, haverá sempre pequenas manias e maneiras de falar — o modo como ela joga o cabelo para trás quando ri, a maneira como ele coça o queixo quando pensa — que são novos e agradáveis. À medida que vocês passam a se conhecer, o que era novo torna-se velho, e o que é velho e familiar pode se tornar irritante. Após alguns anos, esses mesmos hábitos que achamos atraentes na conquista podem se tornar muito chatos. Um homem pode amar o jeito espontâneo e o charme da companhia de uma mulher quando eles se conhecem. Alguns anos depois, exatamente o mesmo comportamento pode soar para ele ingênuo e constrangedor. Uma mulher pode amar a energia do homem nos primeiros meses e depois começar a se perguntar como ela pode ter achado atraente um comportamento tão tirano. O comportamento pode não mudar, mas nossa resposta, sim.

De maneira alternativa, nós podemos automaticamente filtrar algo, a menos que nossa atenção nos indique aquilo. Eu (Robin) certa vez trabalhei para uma empresa cuja frota de carros era toda marrom-escuro. A cor era revoltante. Enquanto dirigia, eu estava convencido de que todos se viravam para me olhar e tecer comentários críticos sobre a cor do carro. O que tornou as coisas piores foi que eu estava convencido de que nós éramos as únicas pessoas com carros tão horríveis. Dentro do carro, no entanto, eu comecei a ver carros da mesma cor em todos os lugares. A cada curva havia um carro marrom-escuro vindo em minha direção. Até aquele momento, eu nunca havia percebido carros daquela cor. Eu havia filtrado isso do meu reconhecimento.

A voz condicionada atua como um canal. É o resultado de prestar atenção em parte de nossa experiência e também o que nos faz ser seletivos em relação ao que observamos. É como um leito fluvial que é formado originalmente de pequenas inclinações e desce como um ribeirão pelas pedras, porém, uma vez formado, ele canaliza o rio naquela direção e o fluxo da água apenas serve para torná-lo mais fundo. Mas um rio pode formar um novo caminho e nós podemos mudar partes de nossa voz condicionada.

Se nós acreditamos no fato de que o mundo é um lugar rico e maravilhoso, então tenderemos a perceber todos os exemplos à nossa volta que apóiam essa crença. Se acreditarmos que todos os membros do sexo oposto são idiotas, então é isso que iremos procurar e, portanto, é isso que iremos perceber. Nossas crenças agem como profecias auto-realizáveis.

Nós tínhamos um amigo comum havia alguns anos cuja auto-estima era a mais baixa possível. Seu pai o mantinha longe dos problemas, deixando-o tão amedrontado que ele não tinha confiança para fazer nada sem permissão. Sua mãe o mantinha sobre controle, dizendo que ele era inútil. Como resultado disso, esse amigo cresceu achando que todas as mulheres iriam ameaçá-lo e fazê-lo se sentir mal. Essa crença era tão forte que fez com que ele se sentisse atraído apenas pelas mulheres que ele sabia que *iriam* ameaçá-lo e fazê-lo se sentir mal. Ele passou anos se recuperando de relacionamentos fracassados dizendo "Eu disse" para os amigos e para si mesmo para reforçar o fracasso que ele era. Ele finalmente se casou com uma mulher que resmunga com ele incessantemente. Seus pais o desenganaram com sua inaptidão na vida. Sua família queria que ele fizesse melhor, mas infelizmente eles sempre começaram as lições de aperfeiçoamento próprio com a idéia de que ele era inútil. A mensagem mais forte era a de que ele era um fracasso. E nós podemos adivinhar que sua mulher pode muito bem ter se casado com ele acreditando que os homens são fracos e não fazem nada se não forem perturbados. Quando formamos um casal, nossas crenças freqüentemente se encaixam como as peças de um quebra-cabeça. As peças podem se encaixar para formar uma linda imagem feliz ou uma imagem triste e melancólica, tudo depende das crenças com as quais começamos. Nós nos confirmamos em nossas fraquezas bem como em nossas qualidades.

DANDO UM SENTIDO A TUDO

Tudo o que diz respeito a relacionamentos possui significado. Um membro do sexo oposto olha em sua direção e sorri. A pessoa está sendo amigável? Devemos ir até ela e iniciar uma conversa? Ou ela estará rindo do seu mau gosto para roupas? Se a pessoa estiver interessada, nos entusiasmamos. Se o sorriso foi de pena, nos sentimos ofendidos e envergonhados. Então, primeiramente reagimos ao que acontece. Depois agimos, talvez iniciando uma conversa ou saindo de perto com o rosto corado.

Linhas de pensamento

Nós agimos de acordo com a nossa interpretação, porém isso pode não estar correto. Um dos segredos de bons relacionamentos é checar as suas conclusões. Em relacionamentos mais íntimos, isso é particularmente importante, quanto mais íntimo o relacionamento, mais nos importamos com o que acontece. Um encontro casual pode ser grosseiro e nós iremos esquecer. Quando nosso companheiro ou companheira é rude, podemos nos magoar e ficar nos perguntando por que ele ou ela fez aquilo.

Existem três maneiras de evitar equívocos, especialmente quando alguém nos magoa:

1 Siga seu próprio raciocínio e pergunte se você tirou ou não conclusões razoáveis do que viu ou ouviu.
2 Torne seu raciocínio claro. Diga o que você notou, as conclusões às quais chegou e como você se sente com relação àquilo se for algo inapropriado. Certifique-se de que o significado ao qual chegou é realmente o que a outra pessoa pretendia.
3 Verifique o raciocínio da outra pessoa. Peça a ela para descrever como chegou a essa conclusão e veja se há algum mérito em sua interpretação.

Existem dois perigos a serem evitados se você quiser se comunicar claramente. Um é explicar demais a sua posição e não se incomodar em descobrir o que a outra pessoa pensa. O segundo é uma investigação sobre o que a outra pessoa *realmente* quis dizer (quase sempre esperando que a outra pessoa eventualmente concorde com o fato de que você estava certo desde o início).

Todos nós achamos que sabemos a maneira correta de nos comportarmos em um relacionamento e pensamos saber como um relacionamento deve caminhar. Algumas vezes, até pensamos que conhecemos os outros melhor do que eles mesmos — tudo baseado em nossa experiência.

Não seria mais fácil se quando conhecêssemos alguém essa pessoa nos entregasse uma lista contendo as mensagens que suas vozes interiores mandam para ela? Pense em todo o tempo que pouparíamos ao não precisarmos descobrir pela experiência que sua percepção do que é importante e verdadeiro em relacionamentos é diferente da nossa? Freqüentemente, no momento em que descobrimos que não enxergamos as mesmas coisas já é tarde demais, já estamos envolvidos emocionalmente. Então tentamos mudar a outra pessoa ou esperar que ela mude por causa do nosso amor; nós queremos que elas enxerguem o mundo da maneira como nós enxergamos.

Nossa capacidade de perceber as crenças e valores de alguém é importante nos relacionamentos. A atração geralmente inicia-se no nível físico, mas precisa subir da genitália para a cabeça se quisermos que um relacionamento seja firmemente estabelecido.

Então, como você pode descobrir os valoras de alguém? Apenas ouça o que a pessoa tem a dizer e observe o que ela faz. As pessoas demonstram sua compreensão de *self*, de suas crenças e valores, com cada movimento que fazem. Quando você sentir atração por alguém, em vez de apenas sentir o quanto a presença da outra pessoa mexe com você, comece a perceber como as regras de vida e a sua visão de mundo são reveladas em seu comportamento.

NÍVEIS DE VOZ

A voz condicionada sussurra diferentes tipos de informação e nos mantém atualizados em diferentes níveis. Podemos subdividir nossa voz condicionada em categorias separadas. Cada parte pode afetar qualquer uma das outras. Olharemos as partes individualmente primeiro, para que você possa começar a identificar aquelas mensagens que lhe ajudam em relacionamentos, ou aquelas que atrapalham. Mais adiante, neste livro, iremos abordar maneiras de mudar as mensagens que limitam você.

Iremos utilizar os níveis neurológicos desenvolvidos pelo treinador norte-americano Robert Dilts para esclarecer os diferentes níveis da voz condicionada. Esses níveis são uma ferramenta analítica bastante útil e são um bom ponto de partida para enxergarmos os níveis de influência da voz condicionada.

Identidade

O primeiro nível é identidade. Este é o nível de nossa auto-imagem — quem achamos que somos. Contudo, temos auto-imagens diferentes para ambientes ou grupos diferentes dos quais participamos. Na ópera-*rock Tommy*, escrita e encenada pelo grupo The Who, o personagem principal era um menino surdo, mudo e cego que havia conseguido muito pouco na vida até jogar *pinball* no fliperama. Longe da máquina de *pinball*, sua auto-imagem era de infortúnio, fracasso e isolamento. Quando jogava *pinball*, sua auto-imagem era a melhor possível, um total contraste com o modo como ele se "via" normalmente. Qual era a sua identidade verdadeira? Ele a criou para si mesmo.

Nós todos temos uma auto-imagem em relacionamentos. Pode ser "Sou um grande partido", "Sou um amante verdadeiro e honesto", "Uma amante cruel", "Um garanhão", "Um perdedor", "Uma destruidora de corações", "Alguém que sempre estará lá quando você precisar", "Uma dona de casa", "Uma sereia" ou "Um Dom Juan". Quaisquer que sejam as palavras que resumam a percepção de si mesmo nos relacionamentos, elas irão influenciá-lo profundamente.

Eu (Robin) tenho um amigo, vamos chamá-lo de Steve, cuja mãe saiu de casa quando ele era ainda muito pequeno. Ele foi criado pelo pai e no início de sua adolescência fez contato com a mãe depois de anos de ausência. Sua mãe havia casado novamente e tinha outro filho. Meu amigo foi apresentado ao seu meio-irmão que, por estranha coincidência, também se chamava Steve. Somente naquele momento em que ela apresentou os dois, é que de repente percebeu que havia colocado o mesmo nome nos seus dois filhos. Então ela disse ao meu amigo: "Que idiotice a minha. Eu esqueci completamente de você." Imagine como isso deve ter afetado sua auto-estima. Naquele momento, ele tinha uma decisão a tomar. Ele poderia aceitar que era o tipo de pessoa tão insignificante que a própria mãe podia esquecer-se do seu nome, ou poderia decidir que tudo estava bem, e sua mãe estava bem, mas confusa e havia cometido um erro impensado. Ela poderia receber sua compaixão em vez de sua condenação. As primeiras duas decisões pareceram ser mais fáceis que a terceira. Infelizmente, nós não sabemos o que ele decidiu, porém sua formação e sua auto-estima teriam influenciado a sua decisão.

VOCÊ E O OUTRO

As auto-imagens podem ser negativas, neutras ou positivas. Alguém com uma auto-imagem fraca pode escolher um parceiro ou parceira "troféu", alguém que eles escolhem não por ser uma pessoa de verdade, mas por fazer essa pessoa se sobressair.

Uma pessoa cheia de si, por outro lado, freqüentemente parece arrogante. Alguns vêem um parceiro ou parceira assim como um desafio. Essas pessoas tentarão trazer esses parceiros cheios de si para a realidade ou provar seu próprio poder mudando o jeito de ser deles. A dificuldade com essa abordagem é que as pessoas cheias de si são as mais difíceis de serem mudadas.

Você está procurando por um companheiro ou por um veículo para impulsionar a sua auto-estima? Você está tentando provar seu próprio poder dominando ou capturando a presa mais difícil?

PERSONALIDADE

Onde a personalidade se encaixa? De maneira interessante, a própria palavra é um substantivo abstrato que se originou da palavra grega *persona*, que era a palavra usada para uma máscara utilizada por um ator para disfarçar quem ele realmente era.

Podemos acusar as pessoas de "não terem muita personalidade", ainda que pensemos ter a nossa própria. Como mostramos a nossa personalidade? Ela existe à parte do que realmente fazemos?

Como você descreve a sua personalidade? Pare por um momento e faça uma descrição...

Agora observe as palavras que você utilizou. Alguma delas pode existir isolada? Talvez você tenha usado palavras como "generoso", "fidedigno" ou "criativo", mas, seja lá o que você usou, essas descrições devem envolver um relacionamento.

Então, se sua identidade é o modo como você vê e conhece a si mesmo, a sua auto-imagem, o rosto que você sabe que está atrás da máscara, então sua personalidade é o modo como você atua em um relacionamento com outra pessoa. E, justamente por serem máscaras, você pode escolher uma diferente se não gostar da que está usando.

Crenças e valores

O nível seguinte dentro de sua voz condicionada é o de suas crenças e valores — o que você acredita ser verdade sobre si mesmo e seus relacionamentos e o que é importante para você nos seus relacionamentos. Crenças cobrem afirmações como: "Casamento deve ser para a vida toda", "Você deve começar do modo como deseja seguir adiante", "Se você for honesto com a pessoa, ela será honesta com você", "Um dia encontrarei alguém bacana" ou "Faça com eles antes que eles façam com você". Algumas vezes confundimos crenças com fatos.

Valores são importantes para você nos relacionamentos. Eles surgem em afirmações como: "É importante ser generoso", "Eu quero alguém que me ame" ou "Eu não permaneceria com alguém que tivesse me traído". Esta é uma área importante para a qual olharemos mais detalhadamente adiante. Lembre-se de que o que você acredita ser verdade e o que é importante para você são filtros da informação que você vê, ouve e sente. Suas crenças e valores podem ser o portão através do qual possíveis parceiros ou parceiras podem passar, ou obstáculos pelo caminho.

Alguns valores tornam a sociedade humana possível, outros, variam de cultura para cultura. Para os amantes da paz entre nós é ridículo terminar a vida humana por uma causa. Contudo, algumas pessoas têm uma visão da realidade que torna possível para elas assassinarem e massacrarem em busca de um objetivo. Alguns dos crimes mais graves dos seres humanos foram cometidos por pessoas que acreditavam que o que elas estavam fazendo era correto. Por outro lado, muitos sofrem todos os tipos de dor pessoal e privação para ajudar os outros, acreditando que seja melhor eles sofrerem do que as outras pessoas. Em ambos os casos, quanto mais extrema a ação, mais rígida é a fé na honradez de sua ação.

Quando eu (Joseph) tinha dez anos, freqüentava uma escola difícil na parte oeste de Londres. Ela era pequena, então nosso pátio era na cobertura. Eu não me recordo da altura das grades de proteção, mas a ameaça mais comum nessa escola era intimidar alguém perguntando se a pessoa "queria voar" para a pista de aterrissagem lá embaixo ou perguntar se a pessoa queria "cheirar o concreto". Eu era um fracote, conseqüentemente eu dependia da minha perspicácia para sobreviver, e entrei para a gangue mais temida da escola, porque um dos membros era o menino mais forte e maior que havia no quarteirão. Se alguém viesse me importunar, tinha de se ver com ele. Um dia eu me meti em uma briga com outro membro da gangue e o derrubei. Aquilo me fez sentir bem na hora, mas depois eu fiquei mal. A ação foi positiva, mas depois não gostei da sensação. Defender-me foi algo que veio naturalmente, porém machucar outra pessoa, não. Eu não acreditava que estava certo por tê-lo derrubado e aquilo parecia estranho à minha identidade.

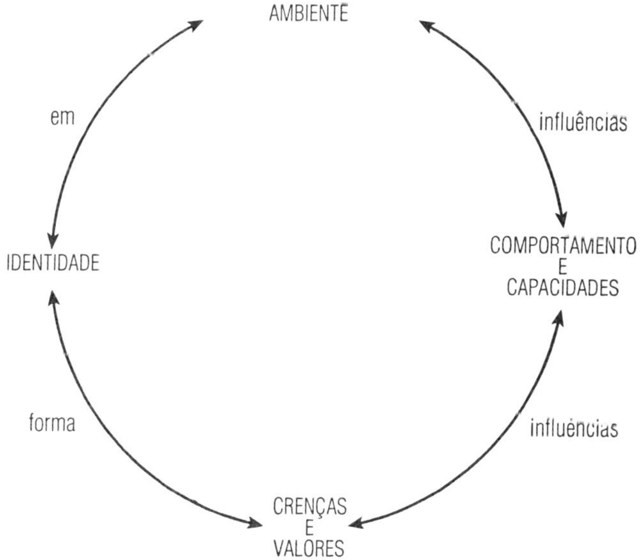

Níveis neurológicos em um círculo

Habilidades e Ações

A percepção de si mesmo, seus valores e crenças têm uma influência profunda no nível seguinte, que são suas habilidades e ações — o que você faz e o que é capaz de fazer. Identidade, crenças e valores agem como um piloto automático guiando o que podemos alcançar.

Por exemplo, se você crê que membros do sexo oposto não são dignos de confiança, então isso irá guiar você na direção de pessoas que possam confirmar que são indignas de confiança para que sua crença seja válida. Você irá agir com suspeita, vendo coisas que podem não existir. E isso irá acontecer mesmo que seu bom senso e sua inteligência lhe digam que você está sendo estúpido por não confiar. Não confiar irá parecer a atitude certa, e ao confiar você irá sentir-se estranho, desconfortável, e isso deixará você se sentindo vulnerável. Você pode se tornar um especialista em encontrar parceiros ou parceiras que validem sua crença. No entanto, crenças positivas podem deixar você vulnerável para ser explorado. O equilíbrio entre confiança e segurança é bem delicado, o que será mais bem abordado adiante neste livro.

Ambiente

O nível final é o nosso ambiente — o lugar em que estamos e as pessoas com quem estamos. Que tipo de lugares preferimos? Que tipo de companhia gostamos de ter à nossa volta?

Imagine alguém que se sente incompleto sem um parceiro ou parceira para a vida. Suas crenças e valores acerca de relacionamentos podem consistir no fato de que um companheiro ou companheira de confiança, monogâmico, cuidadoso e amável é o que funciona melhor. Essas pessoas não vão buscar suas almas gêmeas em clubes conhecidos por atraírem pessoas que estão atrás de relacionamentos sexuais passageiros. Elas se colocam em lugares que estão de acordo com suas crenças, valores e percepção de *self*, caso contrário irão sentir-se "deslocadas".

Sua identidade, crenças, valores e a voz interior que mantém você em contato com eles são bem estabelecidos logo cedo na vida. Seu ambiente, cultura, família e educação alimentam você aos poucos com repetidas informações sobre como a vida deve ser. Haverá acréscimos, reduções e alterações ao longo de sua vida. Contudo, a base da voz condicionada parece estar muito bem estabelecida antes de você aprender a ler.

Há muitos anos, minha família e eu (Robin) nos mudamos para uma casa nova. Nossos novos vizinhos eram um casal com duas filhas da mesma idade que a nossa. Tentando fazer uma política de boa vizinhança, nós convidamos a menina mais velha para vir até o jardim e brincar com a nossa filha. A mãe dela estava convencida de que ela não iria querer. Ela disse: "Ela não vai. Ela não sai de perto da mamãe. É um pouquinho tímida e não gosta de estranhos. Talvez quando ela conhecer melhor vocês ela vá e brinque." Ignorando seus protestos, eu estiquei os braços para pegar a menina, que levantou os dela, e a passei por cima da cerca para brincar. A mãe da menina ficou triste por sua filha ter saído do seu lado. Essa ladainha da gente convidando a menina para brincar e os protestos da mãe dizendo que ela era muito tímida durou várias semanas. Por fim, a criança entendeu a mensagem e fingiu ser tímida demais. Hoje ela está crescida e casada. Ela mora quatro casas depois da de sua mãe e a visita todos os dias. Na realidade, ela ainda faz as refeições com a mãe enquanto seu marido se cuida sozinho. Ela tem muito pouco contato com qualquer outra pessoa que não sejam seus filhos, os quais são ótimos no que diz respeito a timidez.

A voz condicionada também pode ser moldada por uma experiência importante. Quando eu (Robin) tinha cinco anos, meu pai faleceu. Na manhã de sua morte, eu e meu irmão estávamos sentados na sala com minha mãe e minha avó. Ainda iríamos receber a má notícia. Havia um ar frio de mau presságio apesar de estarmos em agosto. Minha mãe e minha avó estavam se olhando com incerteza. Eu agora acho que elas estavam criando coragem. Elas nos deram a má notícia. Meu mundo veio abaixo. Então minha avó falou, para me deixar em paz e me ajudar, que eu agora teria de ser um rapazinho para cuidar da minha mãe. Naquele momento, minha infância se foi e eu passei a ver o mundo pelos olhos de um adulto. Minha percepção do *self*, minhas crenças sobre meu papel na vida e o que eu tinha de fazer foram estabelecidas como se um hipnotizador tivesse estalado os dedos e tivesse dado início a elas em um instante.

Contudo, da mesma maneira, a voz condicionada também pode ser mudada em um instante. Um choque ou confronto repentino pode limpar de uma só vez todas as coordenadas e estabelecer um novo conjunto de percepção de *self*, crenças e valores.

Um casal que conhecíamos era abençoado com felicidade, vivia em perfeita compatibilidade. O homem existia para o trabalho. Ele exigia o jantar quando chegasse em casa, fumava seu cachimbo, lia no banheiro e fazia as crianças virem falar com ele antes de irem para a cama, para que ele pudesse dar um beijo de boa-noite nelas antes de sair para o bar para beber com os amigos. Sua esposa havia sido criada pela avó e herdado muitas das crenças daquela geração. Ela adorava cuidar das crianças, gostava de fazer compras, cozinhar, limpar e lavar. Ela se via em parte como serviçal e em parte como amante. Seu papel era tornar a casa um lugar confortável para quando o seu marido trabalhador retornasse. Ela via a falta de reconhecimento por parte do seu marido como um sinal de que tudo estava bem e tranqüilo. Muitas de suas amigas achavam que ela estava incompleta, que ela parecia obter bem pouco da vida. Ela não compreendeu a preocupação das amigas, uma vez que tinha tudo o que aprendera a respeitar.

Por muitos anos eles conviveram com esta dança de compatibilidade. Então, ela ficou doente. Fez uma histerectomia e houve complicações. Ficou à beira da morte. O padre foi chamado para fazer as últimas preces. As amigas sentavam nos corredores do hospital, em silêncio e preocupadas. Nesse momento, ela não percebia muita coisa e não notou que seu marido não estava do seu lado. Pela graça divina, ela se recuperou e as pessoas a ajudaram. Seu marido a visitou com um monte de flores e demonstrou muita afeição. Ela foi para casa e voltou à vida que tinha antes da doença. Então uma amiga deixou escapar que o marido não havia estado ao lado dela quando ela quase morreu. Muito magoada, ela perguntou a ele por que não havia ficado ao lado dela. Ele disse que não podia fazer nada dadas as circunstâncias, já que ela estava tão doente, então ele havia ficado no trabalho.

No dia seguinte, ele voltou para casa como um cachorro escaldado com o rabo entre as pernas. Ele havia pensado no modo como agiu durante a doença de sua esposa e percebeu que se ela tivesse morrido a vida seria horrível. Ele disse, palavra por palavra: "Se você tivesse partido, eu teria de deixar o trabalho para cuidar das crianças e não conseguiria parar de trabalhar." Narciso poderia ter aprendido algo sobre egoísmo com esse homem.

O choque por causa do egoísmo do seu marido mudou essa senhora em um instante. Aquilo abriu os olhos dela para o que os outros viam. E ela não gostou. Ela não tomou nenhuma decisão consciente naquele momento. No entanto, o choque fez a autoimagem dela se modificar, e essa nova percepção de identidade começou a fazer efeito. Era como se sua antiga imagem tivesse sido quebrada como um vaso que se choca contra uma parede. Ela perdeu peso e começou a se vestir melhor e de modo mais *sexy*. Conseguiu um emprego de meio período, conheceu alguém de quem gostava e que a valorizava por quem ela era, e não pelo que ela poderia fazer por ele, e deixou o marido e a família por uma nova vida, com seu novo homem. Seis meses antes, suas amigas teriam apostado seu último centavo no fato de que ela seria a última mulher no mundo a largar sua família e se divorciar.

Felizmente, tudo acabou bem. O marido casou-se novamente e as crianças foram cuidadas e mantiveram contato com os dois.

É claro, esses são apenas os destaques dessa história baseada no que ouvimos e vimos. Deve haver muitos outros fatores envolvidos que desconhecemos. Mas este é um exemplo de como um choque pode reverter sua percepção de *self*, alterar suas crenças e valores e, no despertar dessas mudanças, influenciar o que você é capaz de fazer.

PAIS E FAMÍLIA

Nossos pais são os maiores contribuintes da nossa voz condicionada. A influência parental vem em duas formas. Primeiro, há a informação que os pais nos encorajam e até nos forçam a adotar. Segundo, há a informação em que escolhemos acreditar e que escolhemos copiar. Algumas coisas nós queremos copiar, outras nós apenas sabemos que copiamos quando somos capazes de olhar para trás e comparar.

Esse padrão pode ser muito forte. Eu (Joseph) me recordo muito claramente de repreender minha filha quando ela estava com sete anos. Eu de repente parei e percebi que o que eu tinha dito era exatamente o que a minha mãe me dizia em circunstâncias semelhantes. Eu havia repetido a frase palavra por palavra e até usei o mesmo tom de voz. Por baixo disso, deve haver muitos dos valores e crenças sobre pais e filhos que eu herdei da minha mãe.

Quando somos jovens, temos apenas um modelo de como homens e mulheres se comportam em relação um ao outro e de como educar as crianças, e isso vem de nossos pais. Algumas vezes, parece que se questionarmos isso estaremos questionando a nós mesmos, porque somos o produto dessas crenças, valores e modos de agir. Por causa disso, muitos de nós se vêem com companheiros ou companheiras e em situações que nos lembram nossa infância. É por isso que alguns homens e mulheres terminam seus relacionamentos de maneira semelhante em aparência e atitude e também porque alguns casais reencenam o amor ou o conflito de sua infância.

Eu (Robin) estive em uma cerimônia de batismo recentemente. A mãe do bebê tinha vinte e poucos anos. Seu marido e seu pai pareciam gêmeos idênticos. A cena ficou mais incongruente porque seu marido chamava o sogro de "senhor" e o sogro chamava o genro de "rapaz".

O melhor possível

Quando nos tornamos adultos, freqüentemente nos concentramos mais no que estava errado do que no que estava certo no modo como nossos pais nos criaram. Vemos a pequenez e as limitações do que eles fizeram. Dado o conhecimento que eles reuniram em seu processo de criação, seus pais, provavelmente, também agiriam de modo diferente se tivessem uma segunda chance. Porém eles fizeram o melhor que poderiam ter feito com os recursos e conhecimento disponíveis. Isso não torna tudo certo. Mas o fato de você os estar questionando é um sinal de que você pode sair do condicionamento da sua criação e avaliá-la sob uma perspectiva mais racional e madura. Seria muito pior aceitar irracionalmente o modo como eles fizeram isso como a melhor maneira considerável. Possivelmente, era a melhor maneira que *eles* poderiam ter adotado, embora mais tarde você possa ver que talvez não tenha sido a melhor maneira para você. Lidar com a idéia pode ser um pouco mais difícil porque os pais são objeto de nosso mais profundo amor e mais forte ódio em épocas quando essas coisas são intensas e difíceis de serem controladas. Tornar-se maduro é ir além dos pais tanto física quanto emocionalmente.

Um psicoterapeuta amigo nosso estima que a ampla maioria dos problemas de seus clientes origina-se de uma criação medíocre. Ele também reconhece que os erros na criação surgiram da melhor das intenções. Ele brinca que ganha a vida corrigindo todo o "bem" que os pais fazem. Muitas pessoas sentem que seus pais as decepcionaram — e eles realmente fizeram isso. E acabou. Uma tragédia ainda maior seria passar o resto de sua vida buscando um pai ou uma mãe substituta que dê a você tudo de que você sente que precisou mas não teve.

O poeta Philip Larkin resumiu muito desse sentimento em seu poema de 1971 "This Be the Verse" (Este seja o verso):

Eles arruínam você, mamãe e papai.
Eles podem não ter a intenção, mas o fazem.
Eles enchem você com seus fracassos
E acrescentam alguns, só para você.

Porém eles foram arruinados na sua vez
Por tolos de chapéus e casacos cafonas,
Que estavam metade do tempo com os traseiros molhados
E a outra metade na goela um do outro.

O homem passa adiante a miséria para outro homem.
Ela se aprofunda como um recife costeiro.
Saia o mais rápido possível,
E não tenha filhos.

Philip Larkin coloca uma visão extrema e, se isso fosse levado em consideração por todos, então a raça humana logo acabaria.

A voz genética nos encoraja a ter filhos e os filhos têm de aprender a ser sociais. Eles fazem isso da única maneira possível — copiando as pessoas à sua volta. As crianças são maravilhosas fazendo isso e não são muito discriminativas. Os adultos são maiores do que elas. Eles são bons em andar e conversar, comer e beber, e as crianças partem do princípio de que eles também são bons fazendo todas as outras coisas. Eles conseguiram entrar na terra mágica da vida adulta para onde as crianças querem ir, onde eles podem ir para cama à hora que quiserem e comer a quantidade de chocolate que desejarem. As crianças não distinguem pontos mais elaborados do caráter dos pais. Idade, tamanho e disponibilidade é tudo o que uma criança procura inicialmente em uma pessoa para servir de exemplo. À medida que crescemos, passamos a discriminar melhor, mas o exemplo original é o que mais dura, por ser tão básico. Quanto mais novos somos, mais maleável e impressionável é o nosso caráter, como argila molhada, ainda assim temos um caráter próprio de nascimento. Quando crescemos, a argila seca e torna-se menos impressionável. Apenas mais tarde decidiremos quem nos irá impressionar.

Durante esses primeiros anos de formação, contudo, nossos pais ou esses adultos que cuidam de nós são o centro de nosso universo. Eles nos dão de comer, nos vestem, nos lavam, nos amam e cuidam da gente. Tentamos agradá-los para que eles continuem cuidando da gente. A imitação é a forma mais sincera de elogio, então é realmente uma surpresa que a gente decida competir com nossos pais? E se essas figuras divinas dizem que você é um menino ou uma menina idiota, é de se espantar que você carregue essa informação e com isso construa sua percepção de identidade própria com ela?

Uma das ironias em nos moldarmos de forma semelhante a nossos pais é que raramente modelamos o pacote todo. Os pais tendem a brigar em público e a se amar em particular. Então, se tudo o que vimos são as manifestações públicas de seu relacionamento, tenderemos a apenas copiar isso. Além do mais, copiamos mais o que eles fazem do que o que eles dizem. Esta capacidade de ler sinais não-verbais é uma daquelas habilidades raras que se apagam com a idade. À medida que aprendemos a falar, colocamos mais importância nas palavras, ao passo que, quando crianças, sabemos que a mensagem verdadeira está na ação e no que ouvimos no tom de voz e nas inflexões.

Imortalidade parental

Por que os pais querem estabelecer crenças e valores, e moldar a auto-imagem de seus filhos? Parte da razão é o desejo pela imortalidade genética. Melhor do que ter uma criança que herde seus genes, sua cor e sua aparência, é saber que elas herdaram suas crenças e seu comportamento. Se um pai ou uma mãe vê seu filho ficar parecido com ele, isso prova que eles estão certos em serem como são. Isso não é um problema contanto que os pais possam lidar com crianças que não fiquem parecidas com eles. Os pais precisam dar às crianças permissão para serem elas mesmas.

Um homem que eu (Robin) conheci era orgulhoso das lições que havia aprendido com o pai, que era forte e cético. Quando ele era criança, seu pai o colocou em um muro alto, disse para ele pular e falou que ele iria segurá-lo. A criança pulou. O pai saiu da frente e deixou que o menino caísse no chão e se machucasse. A lição aqui era que a criança não deveria nunca confiar em alguém na vida, assim ela não se machucaria. O menino apreendeu a mensagem e ficou realmente grato por ter aprendido tão cedo que as pessoas não eram dignas de confiança. Ele passou a vida sem confiar em ninguém, convencido de que essa experiência o havia salvado de várias desilusões. Quando perguntei a ele sobre o fato de ele não ser capaz de confiar na esposa e sobre o casamento infeliz que havia resultado dessas crenças herdadas, ele disse que preferia ter esse tipo de casamento ruim a um em que ele se expusesse emocionalmente e sofresse com a decepção. Ele seguiu adiante e passou aos seus filhos a mesma mensagem, cheia de intenções positivas, como seu pai também fizera, porém com uma vida emocionalmente limitada.

A questão importante não é desconfiar de modo irracional, como esse homem fez, ou confiar cegamente, o que pode ser mal empregado, mas sim estar alerta *no momento* para os sinais que a outra pessoa está dando para você. Então *você* decide se confiar nela é o correto naquele momento.

Muitos pais sentem como se tivessem passado o tempo todo aprendendo as lições da vida e querem poupar seus filhos do trabalho do processo de aprendizado. Eles vêem como seu dever certificar-se de que seus filhos entendam o mundo da "maneira correta".

No entanto, apesar dos esforços de filósofos ao longo dos séculos, nunca houve nenhum acordo, nem garantia de uma maneira correta. "As pessoas passam a vida procurando a resposta da vida", escreveu a autora norte-americana Gertrude Stein. "Não há resposta. Nunca houve resposta. Esta é a resposta."

Para todos os propósitos práticos, existem várias maneiras certas, porque uma maneira certa é aquela que funciona, que nos permite viver nossa vida em alegria e completude. As crenças são nossas hipóteses de trabalho, como os mapas de navegação para um navio. Nós os utilizamos contanto que eles nos levem pelo curso que desejamos. Crenças que nos levam para as rochas podem ser substituídas, caso contrário seremos como um capitão de navio negligente, que acredita que o mapa é mais real do que as rochas nas quais ele está encalhado.

Há uma outra razão para os pais quererem moldar seus filhos. Eles tinham um sonho quando começaram a família, uma imagem do que seria quando seus filhos crescessem e se tornassem as pessoas que eles gostariam de ter criado. Eles também sabiam desde o início como queriam que seus filhos agissem em público, com parentes ou em diferentes ocasiões sociais. É por isso que os pais regozijam-se quando seus filhos começam a andar e depois gritam com eles para se sentarem quando eles correm. É por isso que os pais celebram as primeiras palavras dos filhos e depois dizem para eles ficarem quietos quando falam demais.

Alguns pais se sentem impotentes quando um filho chora. Um choro de bebê tem a agudeza e a retidão que atravessa todo o resto. Ele exige ser respondido. Ele acorda abruptamente os pais no meio da noite quando estes acabaram de dormir com um barulho de uma turbina de avião sobre suas cabeças. É natural querer ajudar. Algumas vezes, eles não podem, e isso é difícil de suportar. Pais que tentam parar o choro de uma criança em razão da sua própria percepção de impotência e não por causa da necessidade da criança podem ficar nervosos com a criança por fazê-los se sentirem tão mal. Permitir a expressão natural da dor ou da tristeza é doloroso demais para eles. Mas se você aprender quando é criança que magoa seus pais quando demonstra suas emoções, como você poderá demonstrar a eles o seu amor?

Uma das maneiras de tornar as crianças apresentáveis é conter seu espírito e torná-las condescendentes. Deste modo, ter a família dos seus sonhos é forçá-la em um molde. Isso cria um pesadelo. As evidências sugerem que quanto mais tentamos forçar as crianças a irem contra seus instintos, mais resistentes elas se tornarão, e muito provavelmente serão elas que pagarão o salário dos psicólogos, assistentes sociais e psiquiatras anos mais tarde.

As expectativas dos pais com relação aos filhos podem gerar uma enorme pressão. Alguns pais podem até ver seus filhos como posses e se sentirem livres para fazer com eles o que bem entenderem. Se os pais vêem os filhos como um meio de corrigir seus próprios erros, completar seus sonhos por tabela ou se tornar as pessoas que eles gostariam de ter sido, isso causará um conflito interior nas crianças. Elas vão querer agradar os pais e também ser verdadeiras com elas mesmas e sua própria identidade. Com muita freqüência, esses dois resultados excluem-se mutuamente, e o conflito surge.

Quando eu (Robin) era um menino, tinha como um de meus amigos o filho de um farmacêutico local. O farmacêutico sempre quis ser médico, mas nunca conseguira. Ele forçou seu filho a estudar quase o dia inteiro para ser o médico que ele nunca havia conseguido ser. O rapaz parecia envelhecido e abatido, e nunca brincava com os outros meninos. Eu nunca o vi sorrindo. Eu de vez em quando me pergunto se ele concluiu os estudos e deixou o pai feliz. E penso se ele teve a chance de escolher por si mesmo o que queria fazer da vida.

Crenças, valores, percepção de identidade, a atitude da família com relação à vida e à visão de mundo foram passados de uma geração para a outra como bens herdados tradicionalmente. Antigamente, negócios eram construídos nas ruínas da voz condicionada interior. Os filhos de ferreiros, por exemplo, cresciam acreditando que ser ferreiro era o seu destino, estava no seu sangue. Para agradar seus pais e receber atenção em troca, eles passavam muito tempo na fornalha. Lá eles aprendiam o quanto a função era válida e valiosa. Então se sentiam motivados a aprender o ofício e a gostar do comportamento envolvido no processo e no ambiente no qual eles iriam trabalhar. Em âmbito nacional, essa forma de aprendizado criou uma variedade de habilidades. Em âmbito familiar, funcionou também porque garantia que o ofício continuaria a gerar renda. Os mesmos princípios ainda se aplicam aos relacionamentos. E não são todas as pessoas que querem ficar martelando seus relacionamentos íntimos como ferreiros.

A influência parental e a voz condicionada

Qual é a influência parental na nossa voz condicionada e nos relacionamentos que criamos? Ela pode ser bastante positiva. Se somos criados para nos sentirmos bem e desenvolvemos uma auto-imagem forte e confiante provavelmente seremos capazes de lidar com relacionamentos facilmente. Se nossos pais demonstraram amor um pelo outro na nossa frente, então teremos um modelo válido para copiar. Se eles encorajaram, por meio de demonstração e discussão, um conjunto de crenças e valores que se concentram em fazer o que é melhor para nós sem prejudicar ou usar os outros, então provavelmente seremos capazes de fazer nossos companheiros ou companheiras tão felizes quanto somos. Se fomos direcionados por informação e encorajamento positivo a tomar nossas próprias decisões sobre o que é certo e o que é errado par nós e para os outros, é bem possível que sejamos equilibrados e capazes de lidar com qualquer problema que a vida nos apresente. Nossa experiência de vida também nos fará reavaliar essas mensagens parentais.

Eu (Robin) sei que minha mãe nasceu em uma família de trabalhadores onde todos sabiam o seu lugar. Meu avô estava bastante certo de que havia aqueles que nasciam para ser ricos e aqueles que nasciam para trabalhar. Nascíamos para ser pobres. Saber o seu lugar era a ordem do dia. Quando tínhamos 11 anos, meu irmão e eu fomos aceitos na escola secundária. Na minha primeira semana nessa escola eu ouvia os meninos conversarem sobre algo chamado universidade. Eles estavam todos, aparentemente, trabalhando para irem para lá. Quando fui para casa naquele dia, perguntei à minha mãe o que era universidade. Ela me disse que universidade não era para pessoas como nós. Ela não quis ofender. Apenas falava a verdade de acordo com a sua visão de mundo, a que ela havia herdado do seu pai. Daquele momento em diante, eu parei de me esforçar na escola. De um menino brilhante passei a ser apenas mais um aluno. O comentário de minha mãe havia moldado tanto minha percepção de *self* que eu acreditei que havia nascido para viver uma vida limitada. Essas limitações permaneceram comigo por muitos anos. Tornei-me um especialista em fracasso. Somente quando iniciei uma carreira bem-sucedida em vendas é que eu permiti que meu intelecto aparecesse e desafiasse minha auto-imagem negativa. Depois que descobri que não há limitações em relação ao que posso atingir — a menos que eu deseje que haja uma limitação —, comecei a estudar e aprender.

ASSOCIAÇÕES CASEIRAS

Para a maioria de nós, nossa primeira casa com nossos pais está associada com alegria, amor e segurança. Qualquer que seja a realidade, na nossa visão infantil é a única descrição de amor e segurança que temos. Nascemos na expectativa de sermos cuidados e amados. Portanto, qualquer coisa que nos lembre de casa dará início dentro de nós à mesma sensação de amor, segurança e felicidade.

Como isso funciona? Pense em uma música que tocava quando você era criança. Ouça essa música na sua mente. Você percebe a alteração no seu humor? Você vivencia agora sentimentos que costumava ter naquela época? Agora pense em um cheiro do passado que seja evocatório e imagine-o novamente. Isso mudou seu humor e levou você a se sentir como se estivesse naquela época? Faça o mesmo com uma fotografia ou um gosto de algo que você costumava tocar. Melhor ainda, inicie essas sensações com uma experiência real. Ouça um disco antigo ou cheire um perfume antigo, pegue um brinquedo da sua infância. As lembranças são captadas pelos nossos cinco sentidos. Um reconhecimento dessas lembranças pelos nossos cinco sentidos dará início à resposta emocional que tivemos na época em questão. É por isso que podemos ser tentados a recriar o passado para reviver aquelas emoções de felicidade, amor e segurança.

Então somos freqüentemente atraídos por pessoas que se encaixariam bem na casa onde crescemos. Os meninos são na maioria das vezes atraídos por mulheres semelhantes às das lembranças que têm de suas mães em aparência e comportamento. É por isso que você pode escolher um relacionamento que não é melhor do que o relacionamento dos seus pais, mas é familiar. Você pode escolher alguém que você ache que pode transformar em um de seus pais. As crianças têm um senso aguçado de justiça. Elas querem que as coisas sejam corretas. Se não estiverem, elas podem se transformar em adultos que passam o resto da vida criando relacionamentos tortuosos para tentar reparar aquelas mágoas do passado.

Este desejo de reconstruir o passado também explica por que algumas vezes, se nossos pais nos machucam, iremos encontrar um companheiro ou companheira que nos irá machucar também. É por essa razão que, se nossos pais precisarem de socorro, nós podemos encontrar um parceiro ou parceira que também precise. Isso também explica por que algumas pessoas parecem terminar com os parceiros mais sem atrativos e monótonos possíveis depois de uma seqüência de parceiros atraentes e divertidos — os divertidos não reconstroem o passado. Se lar significa conflito, então nossa voz condicionada precisará de conflito para que nós experienciemos o amor, a segurança e a felicidade que achávamos ter durante nosso crescimento. Este fenômeno de encontrar alguém que se teria encaixado bem em nossa casa é uma explicação para o amor à primeira vista. A resposta não é tanto a atração e sim a familiaridade.

No entanto, se nossas memórias de infância são ruins e os modelos de relacionamentos que nos influenciaram são negativos, há sempre uma chance de nos rebelarmos e sermos completamente diferentes. Em um gesto de independência e rejeição seremos tudo o que nossos pais não queriam que fôssemos. Podemos até escolher um parceiro ou uma parceira porque sabemos que nossos pais odiariam a pessoa. Quando isso acontece, estamos tanto sob o controle parental quanto se estivéssemos obedecendo. Seja se rebelando ou consentindo, se apenas reagirmos sem escolha, então não estaremos sendo verdadeiros com nós mesmos.

Tente este experimento.

Faça uma lista de todas as palavras que você associa com a sua casa. Essas serão as suas âncoras para o amor, a segurança e a felicidade. Você pode então transformar essas palavras em frases curtas. Por exemplo, uma das palavras em minha lista é "comida", portanto, minha frase é: "Minha casa significa comida."

Se você então repetir a sua lista, substituindo as palavras "amor, felicidade e segurança" por "minha casa", você irá conseguir frases como: "Amor, felicidade e segurança significam comida." Como isso se encaixa em sua vida e como você aborda os relacionamentos?

Se algumas das palavras em sua lista forem negativas, como "violência", "dor", "mágoa" ou "punição", então suas frases podem ser interessantes de serem lidas. Este exercício pode colocar o foco no que você está recriando em sua vida. Por exemplo, para um cliente, "minha casa" significava "insensível". Logo, "amor, felicidade e segurança" significavam "insensível". Não foi surpresa saber que sua esposa considerava difícil dar e receber afeição.

FAMÍLIA E AMIGOS

Pertencer a um grupo fora da família é um passo importante para a independência. Os grupos geralmente são formados com base em crenças e valores comuns. Aqueles que desejarem fazer parte irão sentir-se pressionados a igualar essas crenças e valores para serem aceitos e não serem deixados de lado. Conseqüentemente, se seu grupo tem certas atitudes com relação a relacionamentos, você irá sentir-se forçado a aceitar esses pontos de vista.

Entre irmão ou grupos há invariavelmente uma hierarquia que com freqüência é baseada em idade e tamanho. Para manter a dominância, os irmãos ou amigos mais velhos irão intimidar os mais jovens pela submissão. Isso muitas vezes envolve reduzir a auto-imagem e a percepção de identidade dos mais jovens. Essa auto-imagem pode permanecer para o resto da vida dessas crianças.

Assim como as visões de grupo surgem da personalidade mais forte ou do líder do grupo, e como essas atitudes são quase sempre impostas por seus pais, nós também começamos a assimilar outras atitudes para completar aquelas que já obtivemos de nossos pais. Essas novas atitudes podem ser positivas. Contudo, o desejo de se encaixar pode muitas vezes fazer com que você aceite e demonstre valores e crenças conflitantes com aqueles que você já possuía. Quanto maior o número de pessoas que partilhar da visão, maior será a sua chance de concordar com ela.

Por exemplo, eu (Joseph) comecei a fumar quando fui para a universidade. Antes disso, eu odiava a idéia e não suportava o cheiro. Meus pais me encorajavam a não fumar dizendo que se eu não fumasse até completar 21 anos eles me dariam dinheiro (provavelmente achavam que se eu não fumasse até os 21, estaria a salvo para o resto da minha vida). Olhando para trás, contudo, havia outra mensagem na oferta deles — fumar era um atrativo tão grande que eu precisava ser subornado a não fazer. Na universidade, todos os meus amigos fumavam e dividiam cigarros como uma maneira de ser amigável e fazer parte do grupo. A pressão social aliada à ambigüidade da mensagem dos meus pais (minha mãe fumava) era demais para mim e eu me tornei um fumante.

A pressão social também pode afetar nossa visão sobre relacionamentos. Muito da nossa sociedade é estruturado com base no casamento. Há sempre uma expectativa sutilmente expressa em todos nós para formarmos pares. "Ainda sozinha, querida?" é uma expressão bastante utilizada de interesse que serve como crítica. Muitas pessoas sentem que estão decepcionando seus pais por não viverem uma vida familiar "normal". Algumas profissões, como a de políticos, quase que exigem a imagem familiar correta para a promoção e o progresso. Em vários momentos, nosso medo de estarmos sozinhos tem mais a ver com o que os outros pensam do que com o que queremos fazer com nossas vidas. No entanto, criar um relacionamento para se proteger da pressão parental ou social raramente irá trazer a felicidade completa. Às vezes é melhor não se ter ninguém do que estar com a pessoa errada. Sem ninguém, você pode ficar moderadamente triste. Com a pessoa errada, você pode ficar totalmente infeliz.

EDUCAÇÃO

A palavra "educação" origina-se de um radical que quer dizer "ação de criar". A educação surge da idéia de desenvolver a mente. Infelizmente, o significado parece ter sido trocado, já que agora significa interferir. Diga "educação" e provavelmente o que irá aparecer na sua mente de imediato serão imagens e sons de escolas. Contudo, educação não significa escola. A lei inglesa reconhece isso, ela afirma que a criança deve ter uma educação, mas não precisa ir à escola para obtê-la.

No entanto, quase todos nós vamos à escola. O que vem à sua mente quando pensa na sua escola? Como você se sente? O que ela tentou ensinar a você? E o que você aprendeu? Na escola, aprendemos muito mais do que as matérias ensinadas — aprendemos habilidades sociais, uma visão de mundo; vemos como nossos colegas de sala conduzem seus relacionamentos; freqüentemente, assimilamos dos nossos professores as crenças sobre nós mesmos e nossas capacidades. De alguma forma, as escolas são como pais — elas fazem o melhor que podem, mas quando olhamos para trás geralmente vemos todas as coisas que poderiam ter sido feitas de uma forma melhor.

As escolas também nos ensinam sobre relacionamentos. Aqui é que tentamos pela primeira vez nossas habilidades sociais, fazemos amigos e inimigos. É aqui que vemos o sexo oposto mais de perto. Além dos pais, a escola provavelmente tem o maior efeito sobre o modo como desenvolvemos nossos relacionamentos.

Algumas escolas, especialmente as públicas na Grã-Bretanha, vêem como parte de suas atribuições introduzir um sentido de superioridade e privilégio em seus alunos. Conseqüentemente, do momento em que começam a freqüentar a escola, as crianças são bombardeadas com palavras e ações que reforçam sua superioridade. Essas crianças crescem com uma percepção de identidade ampliada e uma crença no seu próprio sucesso. Elas formam uma auto-estima que diz que elas merecem o melhor, mais do que os outros, e que elas irão conseguir o que desejarem na vida. Dessa forma, é bem provável que essas crianças sejam bem-sucedidas. Conseqüentemente, todo o processo torna-se uma profecia auto-realizável.

Se o seu critério para o sucesso é conquista, então este método de educação é um modelo excelente. Se o seu critério for bons relacionamentos, então você precisa repensar isso. Sentir-se superior a um parceiro ou parceira é perigoso, a não ser que ele ou ela tenha o desejo de manter uma auto-imagem inferior.

Alguns professores se impõem por meio do estímulo, do comprometimento, e tornam suas matérias interessantes e inspiradoras. Outros controlam reduzindo a auto-estima dos alunos, ridicularizando-os e atemorizando-os. Isso funciona para os professores, uma vez que torna os alunos submissos, mas se você tem uma auto-imagem ruim será mais difícil para você criar relacionamento com os outros.

A MÍDIA

Muitas crianças passam tanto tempo assistindo a televisão quanto passam na escola. Antes da televisão, a média de exposição ao drama era limitada ao rádio e a uma visita ao cinema ou ao teatro.

Hoje, muitos de nós sentam-se embaixo de uma avalanche de retratos ficcionais da "vida real". A televisão reflete a vida real e também a influencia. Para ser interessante, o drama precisa ser maior que a vida para capturar a audiência, e esses dramas exagerados influenciam o que esperamos e como agimos.

A propaganda capta muitas das diferenças biologicamente identificáveis que conhecemos e faz caricaturas delas. As mulheres tornam-se donas-de-casa simplórias e quase vão ao orgasmo quando vêem uma máquina de lavar. Elas vivem em pequenos mundos sem aspirações. Os homens são cobertos de graxa e têm chaves de parafuso saindo pelos bolsos do macacão. Eles passam no bar enquanto as esposas preparam o jantar. Todas essas imagens devem agir como um pano de fundo, um condicionamento lento e regular. Se não funcionassem, os publicitários não as usariam.

Os livros de criança, os contos de fadas, acrescentam peças a esse quebra-cabeça da auto-estima e das crenças e valores. Muitos ainda esperam que o melhor momento da vida de uma mulher seja quando ela caminha pelo corredor, com seu vestido branco esvoaçante, em direção ao seu Príncipe Encantado. Alguns pais sonham em poder dar às suas filhas um dia assim. Os filmes da Walt Disney trouxeram essas imagens de sonho a inúmeras pessoas.

O conflito funciona no drama, o amor romântico funciona no conto de fadas e os estereótipos funcionam na propaganda, mas isso não dá a eles qualquer relevância na vida real. Porém, todos eles afetam nossa voz condicionada e os relacionamentos que criamos.

CONHEÇA SUA PRÓPRIA VOZ

Por que é importante conhecer e entender a sua voz condicionada? Ela sempre esteve lá e soa familiar, então por que não aceitá-la como um barulho em segundo plano que aparece sempre que tem vontade? A razão pela qual é importante conhecer a sua voz condicionada é que somente então você pode entender quais mensagens funcionam e quais não funcionam para você, quais mensagens ajudam você a conseguir o que deseja na vida e quais impedem que isso seja feito. A voz condicionada é como um hipnotizador sussurrando em sua orelha e, assim como as pessoas que são hipnotizadas, nos vemos executando ordens enquanto racionalizamos sobre por que estamos fazendo aquilo.

Condicionamento hipnótico

Na Índia, eles têm um modo para treinar elefantes. Os jovens são retirados das mães e uma de suas pernas é amarrada a uma estaca presa ao chão. O bebê elefante briga com a corda, mas não tem força para se libertar. Depois de um tempo, ele desiste e não tenta escapar novamente. Ele "sabe" que não tem força suficiente — mesmo depois de ter crescido e estar quatro vezes maior. Então, o elefante adulto pode ser amarrado e preso com uma corda fina em volta da sua pata, mesmo ele podendo arrebentar a estaca facilmente. Ele deixou de tentar. Ele "sabe" que não pode escapar. Algumas vezes, nossa voz condicionada nos prende da mesma maneira.

Algum comportamento que você demonstre, herdado de gerações anteriores, parecerá sem sentido a um estranho. A crença ou valor original que criou esse comportamento pode ter se perdido na escuridão do tempo. Eu (Robin) me lembro de uma ocasião em que minha mulher e minhas filhas ficaram na sala me vendo reunir um monte de recortes, cada pedacinho, e colocá-los em minhas coleções. Normalmente elas nunca fazem isso, porque as meninas estão na escola quando inicio meu ritual de recortes. Elas ficaram fascinadas pela minha eficiência e perfeição. Eu estava tão atento em minha tarefa semanal que não percebi que elas me assistiam. Somente quando o trabalho terminou e minha família aplaudiu, foi que percebi. Eu fiquei tão absorvido no que estava fazendo que precisei de uma perspectiva exterior para me deixar ciente disso. Eu estava fazendo aquilo como se fosse uma questão de vida ou morte.

Quando se trata de recortes, eu copio o comportamento da minha mãe em cada detalhe. Eu nunca havia questionado isso até aquele momento, nem sequer havia pensado sobre a minha atitude. Quando menino, eu via minha mãe esperar o caminhão de lixo e observava seu estado de pânico enquanto ela tentava rapidamente recolher o último pedaço de papel disponível. Aquilo, para os meus olhos de criança, tornou-se o modo como os recortes eram recolhidos — cheios de pânico, como se aquilo fosse uma questão de importância gravíssima. Pode ser que minha mãe mesmo estivesse apenas reproduzindo o comportamento dos pais dela. A razão para isso pode ter se perdido em gerações anteriores. Talvez date do período em que isso era feito originalmente para prevenir a propagação de doenças durante a grande praga de Londres!

Da mesma maneira, eu tinha 26 anos quando percebi que poderia subir em um trem sem ele estar em movimento. Eu até suspeitava de que era possível, mas meu condicionamento sempre me fez estar tão atrasado que eu precisava embarcar quando o trem já estava partindo. Quando eu era criança, minha mãe precisava se vestir e arrumar três crianças e as bagagens da viagem e nunca tinha tempo suficiente. Sempre chegávamos à estação com o apito avisando da partida e minha mãe saía nos arrastando, abrindo a porta do vagão que baixava com o movimento do trem. Ela nos colocava para dentro, depois jogava nossa bagagem e depois pulava como um jogador de rúgbi em uma jogada decisiva. Agora eu posso me organizar antecipadamente para chegar às estações com tempo suficiente. Contudo, aquele mesmo sentimento de ansiedade ainda me preenche e uma sensação de alívio ainda toma conta de mim quando embarco.

Esses exemplos de comportamento herdado guiado por crenças herdadas causam um pequeno impacto na minha vida. Na verdade, eles dão até certa graça. O que achei estranho foi quão normal aquele comportamento pareceu para mim, mesmo eu nunca tendo racionalmente decidido adotá-lo. Se posso não enxergar crenças e comportamentos que tenho em relação a problemas triviais, então presumo que também devo ter crenças e comportamentos escondidos com relação a relacionamentos.

Eu identifiquei, no entanto, muitas das crenças que tenho sobre mulheres e como me relaciono com elas. Muitas dessas crenças me servem bem. Outras, por vezes, ficaram no caminho e tornaram a vida bastante desagradável para as mulheres que queriam aproximar-se de mim. Por exemplo, eu aprendi a acreditar que havia apenas uma pessoa no mundo que era perfeita para mim. Não apenas era perfeita, mas ela também estava aguardando nossos caminhos se cruzarem e a felicidade descer sobre nós como flores caindo de árvores. Intelectualmente, eu sabia que não poderia haver apenas uma pessoa perfeita para mim e naquela época de muita atividade hormonal minha voz genética estava constantemente me dizendo o quanto todas as meninas eram bonitas. Contudo, sempre no fundo, falando suavemente, porém alto o suficiente para exercer alguma influência, estava a voz que me fazia continuar procurando essa pessoa especial. Essa mensagem me fez buscar a perfeição. Ela me deixou cego para as qualidades de muitas meninas que eu conhecia porque elas não se encaixavam na descrição que minha voz condicionada havia fabricado.

Nós dois conhecíamos um homem que trabalhava como *designer* de interiores. Sua auto-estima era dominada pelo seu trabalho. Na realidade, seu trabalho nasceu da percepção que ele tinha de si mesmo. Se você perguntasse como ele era como pessoa, ele respondia que era um *designer* de interiores. Ele havia desenvolvido uma auto-imagem que envolvia criatividade e realce. Ele acreditava que tudo poderia ser melhorado. Não importa o quanto a decoração da casa estivesse impressionante, ele podia achar uma maneira de torná-la melhor. Era importante para ele ser capaz de expressar sua capacidade artística melhorando o que estava à sua volta.

Ele passava maus bocados em seus relacionamentos românticos, mesmo sendo para ele bastante fácil arranjar encontros. Ele era bonito, saudável, bem articulado, gostava de gastar dinheiro e ir a lugares interessantes. Infelizmente, ele não entendia a resistência de suas companheiras quando tentava mudá-las. Ele não conseguia entender por que elas ficavam irritadas quando ele tentava torná-las melhores. Ele tinha uma imagem na mente de como a vida e uma parceira deveriam ser e, inconscientemente, sempre escolhia alguém que precisaria ser adaptada para se encaixar na sua imagem. Para ele, encontrar alguém que se encaixasse sem alteração teria sido a negação da necessidade de um *self* criativo como parte de sua identidade.

Um relacionamento sexual e romântico é algo muito importante para se deixar ao acaso; você estará escolhendo uma pessoa que estará mais próxima de você do que qualquer outra pessoa no mundo. Cada dia que você passa com essa pessoa é escolha sua. Ela pode levar você ao céu ou ao inferno, depende de quão bem vocês se dão. É impressionante como várias pessoas não apenas não pensam seriamente sobre seus relacionamentos íntimos, como também acham que não é correto fazer isso. E isso leva a uma série de problemas. Muitas pessoas adotam uma abordagem "experimente e veja" para encontrar um parceiro ou uma parceira. Elas saem com várias pessoas para ver o que dá certo e o que não dá. Embora estejam buscando compatibilidade, elas podem não saber reconhecer isso quando encontrarem. Então, essas pessoas se comprometem apenas por ter passado algum tempo juntas com alguém. Enquanto os dias ou semanas de não avaliação vão passando, elas podem ficar muito distantes para saltarem do barco sem a dor do rompimento. Ou elas podem também conformar-se com um compromisso satisfatório, alguém que seja "legal" mas não exatamente o que elas estavam procurando, embora essas pessoas não estivessem certas do que estavam procurando para começo de conversa.

Outro erro bastante comum é procurar alguém que possamos mudar ou moldar de acordo com o nosso ideal. Em outras palavras, uma pessoa pode perceber que seu parceiro ou parceira ideal pode não existir naturalmente, ou que se essa pessoa existe pode ocorrer de nunca ser encontrada, porém o ideal ainda chama a sua atenção. Essa pessoa quer isso e não alguém de verdade. Então ela cria um relacionamento com alguém que pode ser mudado para o seu ideal.

É como ir a uma loja e comprar uma roupa que você não quer, sabendo que pode levá-la para casa, alterá-la e tingi-la de uma cor diferente! É claro que faz muito mais sentido comprar uma roupa de que você goste, mas você precisa perceber que há mais de uma roupa com a qual você pode ser feliz. As pessoas muitas vezes resistem arduamente a serem transformadas em algo que não são, apenas para agradar um companheiro ou uma companheira. A mensagem que essas pessoas recebem é que elas não estão bem dentro de si mesmas. Além disso, por ser a imagem ideal o que guia o relacionamento, a pessoa nunca estará satisfeita, porque ideais são, por definição, inalcançáveis. É provável que os dois fiquem desiludidos e frustrados com o passar do tempo, um porque o outro não se conforma com o ideal e o outro porque percebe que não está sendo valorizado pelo que é, mas pelo que não é.

Pare um instante e pense em quem seria seu parceiro ou sua parceira ideal.

Como seria essa pessoa?
Que tipo de voz ela teria?
Como você se sentiria perto dela?
Como essa pessoa agiria com você?
Como você agiria com ela?
Você está usando alguém como modelo para seu parceiro ou parceira ideal?

Ideais são *nossa* própria criação. Podemos controlar cada parte do nosso ideal em cada detalhe. Nós não podemos controlar os outros e torná-los o que eles não são, a não ser por um período de tempo bastante curto, e o preço que os dois pagam é muito alto.

Um homem que conhecemos trabalha como motorista de caminhão e nos desafiou a explicar algo que o deixa intrigado. Um dia, depois de uma viagem longa, ele estacionou para descansar em uma área isolada em Yorkshire Moors, a quilômetros de distância de qualquer casa. Do outro lado daquela área de descanso, havia um furgão pequeno próximo a um telefone de emergência. Ele estava quase dormindo quando percebeu através da pouca luz que havia duas pessoas na cabine e que elas pareciam estar brigando. Cansado, ele decidiu deixar que elas continuassem o que estavam fazendo e trancou suas portas. Então, olhando de maneira mais cuidadosa, ele viu que uma das pessoas era uma mulher e a outra, um homem. O homem parecia estar batendo na mulher. Por não ser alguém muito corajoso, o motorista pensou em ligar o caminhão e ir embora, mas sua consciência não deixava. Ele então pegou uma chave de parafuso grande da sua caixa de ferramentas, atravessou toda a área do estacionamento, abriu a cabine telefônica e mandou o homem parar de bater na mulher. O agressor era grande, mal encarado e agressivo, e estava ofegante e salivando de raiva. Mas, para surpresa do motorista, foi a mulher que ele veio salvar que o repreendeu pela sua intromissão. Ela falou para ele cuidar da vida dele e ir embora, o que ele fez, e a surra continuou.

O motorista perguntou como alguém poderia explicar o ocorrido. Apenas as pessoas na cabine telefônica poderiam realmente explicar suas ações, mas imaginamos que aquelas pessoas precisavam bater e apanhar. Aquilo de alguma forma fazia sentido para eles, fazia eles sentirem que a vida era para ser assim. Possivelmente, eles haviam vindo de lares onde o homem batia na mulher e o que eles estavam fazendo era o que achavam que todos faziam. As pessoas procuram o que querem em um parceiro ou parceira.

Para a maioria das pessoas, a união na dança das vozes condicionadas é menos traumática. A pessoa que gosta de cuidar dos outros irá sentir-se atraída por uma que goste de ser cuidada. Nós criamos relacionamentos com aqueles cuja visão de mundo complementa a nossa.

Quando uma pessoa está dominada pela sua voz condicionada, então ela pode se sentir forçada a buscar um relacionamento que seja exatamente igual ao que ela observou dos pais. A tragédia neste caso é que ela freqüentemente escolhe alguém semelhante a um de seus pais, que é incapaz de dar a ela o de que ela precisa, e então a história se repete. Em qualquer que seja o caso, essas pessoas terão dificuldades com relacionamentos.

ENTENDA A VOZ CONDICIONADA

Agora estamos em um bom momento para explorarmos os níveis da nossa própria voz condicionada.

Ambiental

Primeiro, o nível ambiental.

Em que ambiente você cresceu?
Que influência acha que isso teve em como você cria relacionamentos?

Agora faça uma lista de pessoas com quem você tem relacionamentos, onde você vai para conhecer pessoas se não estiver namorando, onde você vai com seu parceiro ou parceira se está vivendo um relacionamento a dois, a freqüência dos encontros e o que acontece com você quando estão juntos.

Pense em encontrar alguém ou construir um relacionamento com alguém.

Aonde você gosta de ir?
Com quem você gosta de ir lá?
Quais são os momentos em que você gosta de sair?
Como essas escolhas ampliam ou limitam o tipo de pessoas que você conhece?
Que aspecto do seu relacionamento esses lugares e pessoas criam?

Um amigo meu levava todas as suas namoradas para o bar. Ele se divertia muito lá com os amigos, mas a maioria de suas namoradas não, e por isso acabavam terminando com ele. Enfim, ele descobriu uma moça que se divertia tanto quanto ele.

Se você está buscando um parceiro ou parceira ou está tendo dificuldades em achar a pessoa certa, pode ser interessante perceber onde você vai conhecer pessoas e como esses lugares se encaixam com suas crenças e valores. Muitas pessoas querem encontrar um companheiro ou companheira para um relacionamento duradouro, no entanto elas vão a locais freqüentados geralmente por pessoas que buscam um contato rápido com qualquer um que esteja quente e respirando.

Comportamento e competência

Não iremos prescrever remédios milagrosos aqui, como "dez dicas garantidas para você encontrar a sua cara-metade" (só há uma maneira garantida de encontrar a pessoa dos seus sonhos — dormindo). Tem algo estranho com relação a esses tipos de livro — eles parecem eliminar a escolha da outra pessoa. É claro que a resposta é que não há maneira garantida para você atrair a pessoa correta e ter relacionamentos satisfatórios, e qualquer livro que sugira um tipo de comportamento está indo para o nível errado. Além disso, alguém que se esforça demais para atrair o sexo oposto nem sempre parece atraente aos olhos do sexo oposto. Um relacionamento, se satisfatório, irá exigir de você o que você estiver disposto a dar. Comportamento predeterminado irá levar você muito pouco adiante.

Homens e mulheres não são previsíveis, mesmo nas questões cotidianas, e certamente não o são também no modo como amam e por quem se sentem atraídos. Qualquer coisa que possa fazer para explorar *suas* próprias ações irá ajudar você a trazer mais para um relacionamento, então vocês dois tanto atraem quanto são atraídos. Podemos controlar nossos pensamentos e ações até certo ponto. Mas não podemos controlar os outros. Você embarca em um relacionamento romântico como uma pessoa perfeita. O caminho para relacionamentos satisfatórios é conhecer a si mesmo e saber o que dá certo entre você e outra pessoa. Nem todos os relacionamentos podem ser perfeitos, mas a maioria deles pode ser melhor.

Que tipo de coisas você faz quando está com um companheiro ou companheira?
Que atividades vocês fazem juntos?
Do que vocês dois gostam?
Você está limitando a sua vida sexual a algum horário ou lugar específico?

Nossa voz condicionada tem algumas mensagens muito fortes relacionadas a sexo, por exemplo, os horários e lugares onde você pode fazer sexo e o tipo de sexo que você pode fazer. Então, ela freqüentemente exige que o único horário e lugar correto para o sexo é à noite, no quarto. Se você se sente obrigado por esse tipo de mensagem, então fantasie por uns instantes como seria fazer sexo em outros lugares e de outros modos que atraem você.

Perceba que tipo de objeções surgiram para você. Note quais podem estar relacionadas às suas condições familiares. Essas são as que você deve pensar e explorar um pouco mais, talvez conversando com seu companheiro ou companheira. Ninguém deve se sentir obrigado a participar de qualquer comportamento sexual com o qual essa pessoa não se sente confortável, mas, se você se sentir limitado por alguma razão não identificada, esta talvez seja sua voz condicionada falando.

Agora pense em todas as qualidades que existem em um relacionamento.

Faça uma lista de tudo isso começando com: "Eu posso..." Por exemplo:

"Eu posso fazer o outro rir."

"Eu posso fazer amor bem."

"Eu posso reconhecer o caráter das pessoas rapidamente."

"Eu posso enxergar o ponto de vista do outro (mesmo que eu não concorde)."

Uma boa maneira de fazer isso é pensar sobre o que o seu companheiro ou companheira elogiou por você ter feito. Essas são as coisas que importam para eles. Você pode achar que é pouco, mas essas coisas significam muito.

Agora faça uma lista daquelas qualidades que você gostaria de melhorar e qualquer qualidade que você gostaria de ter. Você gostaria de ser mais assertiva, carinhosa ou convincente? Acrescente a razão pela qual você deseja essas qualidades.

"Eu gostaria de ser... porque..."

Crenças

Agora, às crenças. As crenças são nossas regras de trabalho; talvez a melhor definição seja: "As crenças são aquelas idéias que aceitamos apesar da evidência contrária." Temos crenças sobre nós mesmos, sobre o que é possível, sobre o que podemos fazer e sobre o que merecemos. Lembre-se de que crenças não são necessariamente verdades, elas são nossa melhor dica sobre como o mundo está baseado em nossa experiência atual.

Muitas de nossas crenças nós retiramos de como nossos pais funcionavam como casal. Vemos como eles se comportam e generalizamos. Por exemplo, quando eu (Joseph) estava crescendo, meu pai saía para o trabalho enquanto minha mãe fazia as tarefas da casa. Ela também controlava as finanças para o meu pai, que era autônomo. Este era meu único modelo quando jovem. Agora, é claro que as mudanças sociais colocaram essas crenças e valores de cabeça para baixo, mas eu ainda me pego algumas vezes pensando que esse é o modo como as coisas deveriam ser. Muitos homens cresceram em casas onde a divisão do trabalho era semelhante à da casa dos meus pais. Até mesmo a linguagem em que pensamos isso é ambígua. Muitos homens falam sobre "ajudar" suas esposas com o trabalho doméstico, como se fosse um favor, algo que não é de sua responsabilidade. No entanto, é melhor ajudar do que não fazer nada. Qualquer que seja o acordo entre vocês, certifique-se de que ele funciona para ambas as partes. Enquanto não conseguirmos casas que se limpem sozinhas, sempre haverá trabalho que nenhuma das partes ficará feliz em fazer. É fácil criticar e julgar o acordo dos seus pais com a percepção que temos hoje. Ainda assim, seus pais estavam fazendo o melhor possível na época e nas tradições sociais nas quais viviam. Isso não os torna errados, mas também não os faz certos.

É bastante válido explorar que crenças você pode ter absorvido e ainda pode estar carregando, apesar das evidências contrárias. Tente o exercício a seguir.

Que mensagens sobre como casais se relacionam você obteve do seu pai?

Que mensagens sobre como casais se relacionam você obteve de sua mãe?

Se você tem irmãos, que mensagens sobre como casais se relacionam você obteve deles?

Que mensagens sobre como casais se relacionam você obteve dos seus avós? (Seus avós provavelmente terão o padrão apresentado pelos seus pais, porém ainda mais fortes.)

Que mensagens você obteve dos amigos sobre como casais se relacionam?

Quais dessas atitudes e crenças você ainda perpetua?
Você concorda com elas intelectualmente?

Quando refletir sobre essas perguntas, pense sobre o que seus pais realmente fizeram, assim como o que eles disseram a você. Havia muitas tarefas (como passar roupa) que minha mãe odiava e dizia que não deveria ter de fazer, mas ainda assim fazia. A ação é mais forte e causa maior impressão do que as palavras.

Os padrões parentais podem ser completamente inadequados na sua preparação para a vida. O ponto mais importante é vê-los pelo que eles são: *os padrões dos seus pais, a resposta deles* para a sociedade daquela época e o relacionamento que eles tinham, e avaliá-los a partir de seus conceitos em vez de irracionalmente aceitar ou rejeitar esses padrões.

Faça uma lista de crenças que você tem com relação a relacionamentos, todas as coisas que acredita serem verdadeiras sobre você, você em relacionamentos, seus pais e relacionamentos em geral. Você pode listar afirmações como: "Eu acredito que seja natural criar uma associação a longo prazo"; "Para fazer os relacionamentos darem certo, você precisa trabalhar para isso" ou "Se você for honesto com um parceiro, essa pessoa será honesta com você". Por outro lado, você pode acreditar que: "Todos os membros do sexo oposto não são dignos de confiança"; "Meu *status* como amante depende do número de pessoas com quem me relacionei" ou "Tudo é válido no amor e na guerra".

Gaste algum tempo olhando essa lista. Você pode acrescentar qualquer pensamento que lhe ocorrer repentinamente. Vá fundo e lembre-se de identificar o que você genuinamente acredita ser verdade e o que você deseja que seja.

O que *acreditamos* merecer pode afetar o modo como entramos nos relacionamentos. Que tipo de relacionamentos você acha que merece? E por quê?

Explore suas crenças completando os espaços em branco da frase a seguir. Seja sensível aos seus sentimentos quando fizer isso.

"Eu mereço relacionamentos que... porque..."

Todos nós temos crenças sobre o que merecemos baseadas em nossas idéias sobre os outros e sobre nós mesmos. Escreva o que vier imediatamente à sua mente e depois analise cuidadosamente:

Você realmente acha que merece isso?

Se você limitou o que merece de alguma forma, o que influenciou você a fazer isso?
Algumas dessas influências são baseadas na sua experiência e testadas em relacionamentos de verdade?
Você precisa ter crenças do tipo "Meu padrão de relacionamentos não irá mudar, eles serão sempre os mesmos, assim como aconteceu no passado"?
Se precisa, como você sabe disso?

Eis um modo pelo qual você pode explorar qualquer crença que possa estar limitando você nos relacionamentos.

Primeiro, pense no tipo de relacionamento realmente satisfatório que você deseja. Depois, pense no que impede você de alcançar o que quer. Escreva o que vier à sua mente, mesmo que pareça estranho ou bobo. Que tipo de objeções existe? Quantas dessas objeções são repressões reais do seu ambiente e quantas são crenças suas? Agora, pense no que pode ser positivo sobre essa crença que parece estar impedindo você de alcançar o que quer. Por exemplo, pode ser que ela poupe você de ser rejeitado.
Então pergunte a si mesmo: "No que eu prefiro acreditar?"

Se você tivesse a escolha, no que preferiria acreditar sobre você e sobre os outros que manteria o mesmo aspecto positivo, mas deixaria você mais livre para conseguir o que deseja dos relacionamentos? Agora pense em como a sua vida seria diferente se você agisse aceitando essa crença como verdade em vez de algo que limita você. Imagine um dia típico na sua vida onde essa crença foi verdadeira.

O quanto isso seria satisfatório?
Em que você estaria pensando?
O que você estaria fazendo?
Onde você estaria indo?
Como você estaria se sentindo?
Que tipo de coisas estaria dizendo?
Como seu parceiro ou parceira estaria reagindo a você?

Quando você pára para pensar, a única coisa que torna uma crença limitadora verdadeira é o fato de que você age o tempo todo como se ela fosse verdade. Ter uma crença diferente não irá mudar o mundo ou as suas condições imediatamente, mas irá estimular você a praticar ações que provocarão mudanças do tipo que deseja. Como você sabe que alguém acredita em algo? Você vê as ações da pessoa. Para parar de acreditar, você pára de agir como se a crença fosse verdadeira. Aja de maneira diferente. Somente aí você será capaz de realmente julgar quão verdadeira ela pode ser.

Uma crença limitadora nunca pode ser provada como "verdadeira" porque você não pode provar uma negativa. Por exemplo, se você acredita que não pode encontrar um parceiro ou parceira que seja gentil, compreensivo e respeite você, não significa que essa pessoa não exista. Você pode ter uma série de relacionamentos ruins, mas isso não prova que um relacionamento bom seja algo impossível, significa apenas que ainda não aconteceu. Você não pode provar algo que não existe, apenas algo que existe — quando você encontrá-lo. Crenças sobre relacionamentos são diferentes de crenças sobre o mundo físico. A gravidade não precisa que você acredite nela para fazer você cair. Contudo, freqüentemente formamos nossas crenças sobre nós mesmos, sobre as outras pessoas e sobre os relacionamentos *como se* eles fossem tão imutáveis e invariáveis quanto a gravidade.

Ter crenças positivas não significa que você é do tipo otimista irracional — você realmente sabe o que é verdade sobre as outras pessoas. Tudo o que você pode dizer é que suas crenças afetam suas expectativas, as quais afetam suas ações, as quais afetam sua experiência. Portanto, faz sentido utilizar as crenças que podem ajudar você e podem abrir portas em vez de presumir que as portas estão fechadas. Talvez estejamos falando sobre agir com esperança baseada na realidade.

Uma maneira de formarmos crenças é generalizar a partir de uma experiência. Vemos um padrão repetido e pensamos que as coisas serão sempre assim. É como jogar uma moeda, ela dar cara três vezes seguidas e você acreditar que as moedas sempre caem e sempre cairão com a cara para cima. Três caras seguidas é bem possível e nem um pouco improvável.

Eu (Joseph) me lembro da minha filha fazendo uma pergunta estranha quando tinha quatro anos. "Papai, eu preciso quebrar um osso para crescer?"

Eu respondi: “Não, não precisa. Por que você acha isso?”

Ela me disse que todo adulto que ela conhecia tinha quebrado um braço quando era criança. Apenas alguns dias antes disso eu havia contado a ela sobre a vez que eu caí no jardim e fraturei o pulso quando tinha 14 anos. Pensando bem, vários outros adultos que ela conhecia já tinham dito que quando mais novos haviam quebrado algum osso. É bastante comum, certamente, mas não é obrigatório! Ela havia generalizado o fato de que talvez todos tivessem de passar por isso e ficou assustada por precisar fazer isso também. Eu fiquei feliz que ela tivesse perguntado para mim antes.

Quando generalizamos, criamos uma série de regras para nós mesmos sobre como o mundo é e o que devemos, não devemos, podemos e não podemos fazer. Também temos crenças sobre o que somos capazes ou não de realizar.

Dê uma olhada na sua lista de crenças sobre relacionamentos e veja se algumas delas incluem palavras como “tenho que”, “devo”, “não devo”, “consigo” e “não consigo”. Elas irão surgir de crenças generalizadas que você tem sobre si mesmo nos relacionamentos, sobre os relacionamentos em geral e sobre seus parceiros ou parceiras sexuais.

Por exemplo, se você disser: “Eu não consigo pensar em algo para falar quando estou em um encontro”, esta é uma afirmação generalizada retirada de sua experiência do mundo e do seu condicionamento. Além disso, é claro, ela não é verdadeira. Você é perfeitamente capaz de pensar no que dizer — embora possa aplicar critérios pouco realistas sobre quão inteligentes os comentários devem ser. Nada físico atrapalha você. A barreira mental é o que impede o seu sucesso.

Quando você identificar esses tipos de crenças, substitua “eu não consigo” por “eu não deveria” e perceba que tipo de mudança isso causa. Então, nosso exemplo anterior se torna: “Eu não deveria pensar em algo para falar quando estou em um encontro.” Muitas vezes essa mudança pode fazer a sua crença parecer bastante engraçada. Agora você pode fazer a si mesmo algumas perguntas. A primeira é: “Quem disse?” Aqui é o momento em que você capta o sussurro dos seus pais no seu ouvido. A outra pergunta é: “O que me impede?” Nada físico, isso é claro. Deve ser alguma conseqüência imaginada ou talvez uma experiência ruim no passado que você não deseja repetir.

Algumas vezes, aprendemos algo errado em nossas experiências. Aprendemos a nunca mais ter uma experiência dolorosa novamente, mas aquilo foi uma combinação única de pessoas e circunstâncias. Você nunca pode ter aquela experiência de novo porque o tempo não anda para trás. A única maneira de você provavelmente sentir aquela dor de novo é repeti-la de modo contínuo em sua mente e revivê-la sempre. De qualquer modo, você não poderia reproduzir novamente aquela experiência, você está mais velho, sabe mais, já passou por outras coisas na vida, as outras pessoas serão diferentes, as circunstâncias também, etc.

Quando você encontra o tipo de crenças que começam com "Eu não consigo..." ou "Eu não devo...", experimente o tom de voz com o qual você diz isso.

Ouça a si mesmo falando essas frases.
Que tipo de tom de voz você aplica?
De quem é essa voz?

Você geralmente irá descobrir que a crença vem antes da frase, por exemplo: "Eu *não deveria* fazer isso." Tente dizê-la com um tom de voz incrédulo subindo o estresse no final – "Eu não deveria fazer *isso?*" Essa frase não terá mais o mesmo poder sobre você.

Uma crença limitadora sobre iniciar uma conversa implica algo horrível que aconteceria se você fizesse isso. O que isso pode ser? Sua resposta pode ser que você seria rejeitado. Se seguirmos por essa linha de perguntas e buscarmos as conseqüências de ser rejeitado, podemos, então, refletir e chegar à conclusão de que bastaria desistir e começar de novo. As conseqüências geralmente parecem menos horríveis após serem descritas.

Há quase sempre um filme imaginário passando na sua "tela mental" que ilustra vivamente o perigo que você quer evitar. Por exemplo, vamos seguir a crença "Eu não consigo pensar em nada para dizer em um encontro". O que impede você? "Tudo o que eu disser será desinteressante." O que aconteceria se você tentasse? É aqui que pode haver o filme mental da sua companhia rindo descontroladamente em razão de suas observações desajeitadas, apontando para você, se contorcendo de tanto rir — obviamente, uma imagem dolorosa, fruto de sua criação, assim como vários outros filmes de conseqüências imaginadas, muito além do real. Ou você pode imaginar a sua companhia dizendo a si mesma que você é idiota e entediante. Isso também é doloroso, mas ainda é uma leitura de mente — de algo que não aconteceu!

Você também pode ter algumas crenças sobre o que você consegue ou deve fazer, por exemplo: "Eu devo pagar o jantar da minha companhia" ou "Eu sempre devo dar o braço a torcer ao fim de uma discussão". Novamente, você precisa fazer o mesmo tipo de perguntas: "Quem disse?" e "O que aconteceria se você não fizesse isso?". Você sempre pode mudar a entonação para uma entonação de incredulidade: "Eu *sempre devo* dar o braço a torcer ao fim de uma *discussão*?"

Esses tipos de crenças geralmente estão unidos por uma ou algumas experiências desastrosas no passado e sua voz condicionada não está lhe dando a chance de fazer um teste apropriado. Quando você observa essas crenças de maneira mais crítica, descobre que elas não são tão substanciais quanto parecem.

O outro modo pelo qual as crenças se apresentam consiste em afirmações que parecem ser sempre verdade, sem exceções, por exemplo: "Ninguém se apaixonaria por mim." Elas são muito limitadoras. Assim como crenças do tipo: "Todos parecem mais felizes em seus relacionamentos do que eu" ou "Meu companheiro nunca me ouve". Quando você encontra uma crença assim, coloque-a no passado, porque na verdade é lá que ela deveria estar. Preceda cada uma com "Até agora minhas experiências...". Você consegue sentir a diferença que isso causa?

Além disso, esses tipos de crenças generalizadas condicionam você para sentir falta no momento em que elas não acontecem. Há algo de satisfatório em estar certo, mesmo quando a experiência é dolorosa. Você pode dizer: "Pronto, eu disse!" Nós também gostamos muito de nossas crenças — algumas delas são quase parte da nossa identidade, parte da maneira como nos definimos. Falamos sobre ter crenças, cultivá-las, guardá-las, perdê-las, como se elas fossem posses importantes. E são, de alguma forma.

Para desafiar suas crenças limitadoras, tente o exercício a seguir. Se puder trabalhar com um amigo ou um companheiro ou companheira compreensivo, melhor será o resultado.

Dê outra olhada na sua lista de crenças e identifique qualquer uma que inclua ou sugira palavras significando "nunca", "sempre", "sem fracasso", "todos" e "tudo".

Depois, busque realmente quaisquer exemplos em que isso não seja verdade. Na sua experiência, isso foi consistente em todos os casos? Se houve pelo menos uma vez em que isso não foi verdade, então essa crença não é completamente verdadeira. Isso abre um pouquinho a porta para uma experiência diferente entrar.

Quando você desafia a totalidade da sua afirmação, ela normalmente começa a enfraquecer. Uma vez fraca, isso cria oportunidades. Você pode então começar a discutir o que precisa acontecer para tirar proveito das pequenas possibilidades surgidas. A crença enfática expressa na palavra "nunca" terá mudado para uma crença que seja menos enfática e mais aberta a possibilidades.

Uma outra maneira de desafiar tais generalizações é exagerá-las para mostrar o quanto são absurdas. Por exemplo, em resposta a "Eu nunca conseguirei encontrar a pessoa certa", você poderia dizer: "É claro que eu nunca conseguirei encontrar a pessoa certa. São apenas três bilhões de membros do sexo oposto e é claro que não vai ter nenhum que sirva para mim. Os que por acaso servirem estão obviamente se escondendo, não querendo ser encontrados. Todas aquelas pessoas que buscam agências de encontros e vão a festas de solteiros são inflexíveis, elas não querem me conhecer, mesmo que não saibam quem eu sou."

Valores

Os valores caminham com as crenças. Você valoriza relacionamentos satisfatórios, mas o que isso realmente significa para você? Eis aqui uma oportunidade para explorar isso.

O que um relacionamento precisa ter para dar certo para você? Você precisa de companhia, boas risadas, bom sexo, confiança e liberdade? O que você valoriza em um relacionamento?

Faça uma lista de todas as coisas que são importantes para você em um relacionamento, todas as qualidades da outra pessoa e todas as qualidades do relacionamento. Pergunte a si mesmo:

O que eu valorizo em um relacionamento?
O que é importante para mim em um bom relacionamento?
O que eu ganho em um bom relacionamento?
Quais são as qualidades que um bom relacionamento deve ter?
O que importa para mim em um relacionamento?
Eu quero um relacionamento?

Quando você pensa nessas perguntas, certifique-se de dar respostas que sejam verdadeiras para você e não sejam apenas respostas que você gostaria que fossem verdadeiras, que são comuns ou que são aquelas que seus amigos têm. Qualquer valor assim será apenas a sua voz condicionada em um outro disfarce, intrometendo-se entre você e o que você quer. Para que os valores signifiquem alguma coisa, eles precisam ser seus — livremente escolhidos e significativos para você.

Agora que você tem esses valores, distribua-os entre mais importantes e menos importantes.

Quais os cinco que realmente são importantes para você?
Existem alguns que são absolutamente vitais para que seu relacionamento dê certo?
Quais você realmente precisa em um relacionamento em oposição àqueles que você gostaria de ter?

Olhe para esses valores cuidadosamente. Eles são provavelmente palavras bastante abstratas como "amor", "confiança", "diversão", "satisfação sexual", "honestidade", "segurança", "boas risadas", "proteção", "excitação". Mas o que essas coisas significam na prática? Quando você sabe que as tem? Que tipo de atitudes você busca em um parceiro ou parceira que façam com que você saiba que essas qualidades estão vivas e bem no seu relacionamento?

Por exemplo, se você valoriza a honestidade em um relacionamento, como você sabe que a tem? Como você julga se a tem ou não?

Você precisa julgar ações. Que comportamento você precisa ver ou ouvir para saber que tem um relacionamento honesto? Isso pode parecer uma pergunta estranha, mas os valores por si sós são abstratos demais para serem julgados. O que importa é o que vocês dois fazem, e não o que dizem. Você também precisa acreditar que as ações de seu parceiro ou parceira realmente encarnam seus valores. Você precisa ser o juiz disso.

Existem duas maneiras principais nas quais as pessoas aplicam regras a valores e julgam os outros por eles. Uma maneira de julgar é perceber quando o valor está *ausente*. Então, você assume um certo nível de honestidade, por exemplo, como certa e presta atenção no momento em que vir ou ouvir algo que faça você saber que o relacionamento não é mais honesto. A outra maneira é não dar a honestidade como certa, mas observar e ouvir as evidências de que ela existe. Lembre-se, também, de que esses valores não são absolutos, ou existem, ou não. Nem que eles precisam estar presentes o tempo todo. Você tem de ser o juiz e preparar os níveis do que é aceitável para você. Você talvez precise observar e escutar durante muito tempo.

Essas são duas abordagens bastante diferentes. É muito mais fácil começar aceitando valores e depois percebendo se eles estão ausentes. O perigo em começar da direção oposta é que você sempre estará buscando evidência de amor, afeto ou outra coisa que valorize, e pode desse modo nunca ficar satisfeito. O ciúme leva essa abordagem ao extremo. As pessoas ciumentas supõem que seu parceiro ou parceira tem outra pessoa, ou sente atração por alguém, e elas precisam de uma certeza constante. Essa certeza só dura até a suspeita seguinte.

Separe quais valores são mais importantes para você nos relacionamentos. Se após isso você descobrir que a pessoa com quem você está ou o tipo de pessoa que você está procurando tem algumas das qualidades de pouca importância ou nenhuma das de maior importância, você pode se ver tentando modificar alguém contra a sua vontade ou justificando seu relacionamento com essa pessoa por causa de algo que é apenas superficialmente importante para você. Sua voz condicionada interior pode dizer: "Tudo bem, eu sei que essa pessoa não é honesta comigo e trai a minha confiança, mas ela é uma ótima companhia." Isso não irá funcionar se a honestidade e a fidelidade forem os valores mais importantes e a sociabilidade tiver pouca importância.

Pegue cada um de seus valores importantes de cada vez. Usaremos o exemplo de ser fiel ao parceiro ou parceira. Primeiro, aplique o valor a si mesmo, porque pode ser interessante ver se você o aplica a si mesmo da mesma maneira que faz com seu parceiro ou parceira.

Que ações suas mostram que você está sendo fiel?
Que ações suas mostrariam que você não estaria sendo fiel?
E a qual dos dois tipos de ação você presta mais atenção?
Ser infiel significa beijar outra pessoa?
    Fazer sexo com outra pessoa?
    Desejar ou fantasiar sexo com outra pessoa?
    Você precisa iniciar o contato para isso contar como evidência?
Você pensa em termos de ser fiel ou não ser infiel?
Pensamentos contam como ações?

Agora volte sua atenção para o seu companheiro ou companheira.

O que você busca em um parceiro ou parceira que faz você saber que ele ou ela é fiel?
O que você busca em um parceiro ou parceira que faz você saber que ele ou ela não está sendo infiel?
A qual das duas questões você presta mais atenção?

E, agora, você aplica ao seu parceiro ou parceira as mesmas regras que aplica a si mesmo?

Se você fez esses exercícios, então é provável que tenha gasto algum tempo fazendo isso, mas você será ressarcido disso com uma melhor compreensão de si mesmo e da pessoa que está ao seu lado. Releia as suas respostas e perceba alguma anormalidade. Você valoriza a honestidade e acredita que o sexo oposto é incapaz de ser honesto? Você se vê como gregário e, no entanto, passa a maioria das noites em casa assistindo a televisão?

Existem algumas receitas seguras para infelicidade em relacionamentos e todas elas vêm de não perguntar e, portanto, não saber o que seu parceiro ou parceira quer ou valoriza. A primeira maneira é pensar que seu companheiro ou companheira valoriza todas as coisas que você valoriza, então você passa a tentar satisfazer a pessoa do mesmo modo como gostaria que ela fizesse com você. Desse modo você dará a ela o que você quer, e não o que ela quer. Você precisa saber o que é importante para *seu parceiro ou parceira* e como demonstrar isso. Somente aí você estará dando a essa pessoa o que ela deseja.

Segundo, você precisa dizer a ela o que é importante para você e como ela pode demonstrar isso, caso contrário, como essa pessoa irá adivinhar? A menos que você fale, você irá receber dela o que ela imagina que irá satisfazer você, com base em seus próprios valores. A pessoa pode estar certa, mas também pode errar. Seu relacionamento será uma loteria.

Eis aqui um exemplo simples. Suponha que você e o seu parceiro ou parceira valorizem demonstrações de afeto. Desse modo, você faz isso para dizer à pessoa que a ama. E espera ouvir isso dela também. É assim que você sabe que é amado. Carícias e olhares amorosos não são idênticos. Suponha que seu companheiro ou companheira demonstre sua afeição com carícias. Já sabendo que elas não são as mesmas para os dois. A menos que vocês dois sejam claros sobre o que valorizam e digam um ao outro, vocês irão sentir-se muito insatisfeitos. Vocês estarão ambos dando o que querem para si mesmos e nenhum dos dois estará recebendo o que deseja. Vocês dois querem demonstrar afeição, mas cada um está dando o que deseja e não está recebendo o que quer do outro. Este é um exemplo simples, porém muito comum.

Pondere cuidadosamente em relação às suas regras sobre seus valores. Se você tem muitas regras sobre como seus valores podem ser violados e muito poucas sobre como eles podem ser correspondidos, então provavelmente ficará insatisfeito com seus relacionamentos. Não é por causa do relacionamento, mas por causa das exigências exatas que você traz para ele. É muito fácil se decepcionar, basta simplesmente estabelecer padrões impossíveis de serem atingidos. O perfeccionismo é um dos arquiinimigos dos relacionamentos.

Alguns casais se colocam em uma situação duplamente complicada. Um deles (vamos dizer a mulher, mas pode ser qualquer um dos dois) tem o valor de que o homem deve demonstrar amor e que ele deve fazer isso sem que lhe expliquem como satisfazer a mulher. Por quê? Porque se o homem a ama, então ele deveria saber disso automaticamente! Imagine a confusão e a insatisfação que essas regras gerariam. Uma vez que os seres humanos não sabem ler a mente, essas pessoas se expuseram ao fracasso por exigir algo impossível.

Finalmente, certifique-se de que suas regras sobre valores são fáceis de serem atingidas. Se a única maneira que você pode ter certeza de que um homem realmente ama você é se ele escalar o monte Everest com a sua fotografia no bolso, então você está limitando severamente a sua chance de companheiros.

Esse tipo de confusão de valores explica alguns divórcios e separações inexplicáveis, quando um parceiro vai embora em um acesso de emoção negativa, dizendo que não agüenta mais essa situação. Como isso pode acontecer? Geralmente, nenhuma das duas pessoas está obtendo o que quer realmente de um relacionamento e nenhuma delas está gostando do que *está* conseguindo. Se você não deixa o seu parceiro ou parceira saber de verdade o que você quer e como essa pessoa pode lhe dar isso, então não tem direito algum de repreendê-la, ficar bravo com a pessoa ou achar que ela está em falta quando corresponde às suas expectativas.

Pegue com exemplo quando a definição de felicidade de um parceiro e sua evidência de que um relacionamento está dando certo é:

Nós já estamos juntos.
Nós temos segurança financeira.
As crianças são bem cuidadas.
Nós não discutimos muito.

Compare com a definição da outra pessoa:

Nós nos divertimos muito.
Somos cheios de energia.
Nosso sexo é ótimo.

Neste exemplo, suponha que a primeira pessoa tenha seus valores correspondidos. A outra não, mas não é infeliz. Quando nenhum dos dois diz ao outro o que deseja mas um acaba descontente, então finalmente uma destas três coisas acontece: uma das pessoas dará um basta e irá inexplicavelmente (para a outra pessoa, mas talvez não para o resto do mundo) deixar a outra; segundo, ambas podem se resignar em vidas repletas de desespero contido; por último, uma delas, ou as duas, pode ter um caso com alguém que lhe proporcione os valores que estão faltando em sua vida. Esta é a razão de muitos casos.

Se há uma regra que sempre aparece como a mais importante para os bons relacionamentos, ela deve ser:

Diga ao seu parceiro ou parceira o que você quer e o que é importante para você.

Depois:

Dê isso a ele ou ela se puder.

Se você achar isso muito difícil, então existem muitos exercícios neste livro que irão explorar o porquê disso.

Isso nos leva ao ponto crucial de como estabelecer nossos limites. Por exemplo, suponha que você valoriza bastante a honestidade e a fidelidade em um relacionamento. Você é honesto com seu parceiro ou parceira e fiel a essa pessoa de acordo com seus próprios valores. Você pode contar a ela os seus valores e o quanto eles são importantes para você. No entanto, descobre que essa pessoa está tendo um caso e está mentindo para você. E agora, o que você faz?

Sua resposta irá depender dos seus outros valores e também dos limites que estabeleceu. Para alguns, o fato de o parceiro ou parceira ter um caso é muito mais do que essa pessoa está disposta a tolerar, e ela se separaria. Essa ruptura de confiança seria séria demais para ela cruzar o limite que está disposta a tolerar.

Outras pessoas podem perdoar. Embora elas possam achar essa infidelidade bastante perturbadora, a segurança do relacionamento seria mais importante para elas do que apenas um caso, e então elas escolhem permanecer no relacionamento. Contudo, talvez alguns meses mais tarde, a pessoa *trai* novamente. E agora? Elas podem perdoar de novo. No entanto, se acontecer a terceira vez, isso coloca o relacionamento à beira do precipício. Três erros e a pessoa está fora. Neste caso, a pessoa teria estabelecido seus limites de maneira diferente. O que cruza o limite não é o caso em si, mas a repetição dele um número de vezes, neste caso três.

Pegue outro casal em uma situação semelhante. O homem é infiel uma vez, duas vezes, três vezes. Cada uma das vezes a mulher está disposta a perdoar e a continuar o relacionamento. Contudo, um belo dia ela acha que teve o bastante. Não é o número de vezes, mas o fato de a infidelidade ter durado um longo período, talvez meses, ou anos. Essa mulher colocou outro tipo de limite — tempo. Não o número de vezes, mas a duração.

Infelizmente, em alguns casos a companheira ou companheiro magoado pode perceber que seus limites foram cruzados, mas não tem, literalmente, nenhum outro lugar para ir, e se sente aprisionado em permanecer com quaisquer que sejam seus outros valores.

Pense sobre o tipo de limites que você tem nos seus cinco valores importantes.

Você possui um limite claro para qualquer um deles — há alguma coisa que seu companheiro ou companheira possa fazer, mesmo que seja uma vez apenas, que acabaria completamente com o relacionamento para você? Existe alguma coisa que você não toleraria, não importa o que seu parceiro ou parceira dissesse, a desculpa por isso ter acontecido ou o quanto a pessoa pedisse perdão?
Se não há, existe algo que você toleraria algumas vezes? Por quanto tempo o comportamento teria de continuar até que você desse um basta?

Que comportamento romperia seus valores se fosse repetido durante um longo período de tempo?
Quantas repetições levariam até que seu limite fosse ultrapassado, ou quanto tempo isso precisaria durar?

Há também a questão de quanto o comportamento do seu parceiro ou parceira viola seus valores bem como quanto tempo ele dura. Um exemplo pode ser uma mulher que sente que seu parceiro está sendo infiel se ele olha sensualmente para outra mulher. Ela o abandonaria imediatamente se ele tivesse um caso, mas seus olhares sensuais também violam as regras dela relacionadas à fidelidade, embora sejam de uma dimensão menor. Ela vive falando isso para ele, mas ele continua fazendo. Um dia, ela pode deixá-lo, porque não pode agüentar mais.

Portanto, há três tipos de limites:

O quanto a situação é importante para você: intensidade
Quantas vezes ela acontece: repetição
Quanto tempo ela dura: duração

Nossos limites

É importante estipular seus limites e saber quais são eles para evitar vários perigos nos relacionamentos. O primeiro perigo é deixar seus limites muito próximos — em outras palavras, ter muitas formas triviais diferentes de comportamento que violam seus limites imediatamente. Por exemplo, um homem pode não tolerar que sua namorada flerte com outro homem sequer uma vez. Ele pode não tolerar nem que ela converse com outro homem em uma festa. Ele pode não ser capaz de tolerar que outros homens lancem para ela olhares admirados, e pensar que de alguma forma ela os induziu a isso. Ele pode não deixá-la, mas ele pode puni-la sendo indelicado, ou até mesmo violento.

Então, limites que são baixos demais podem causar muitos problemas entre casais. Eles podem ser baixos demais se qualquer tipo de ação trivial romper seus limites, ou a pessoa pode tolerar que eles aconteçam apenas algumas vezes ou durante um período muito curto de tempo.

O segundo perigo é ter limites muito distantes, talvez tão distantes que para todos os efeitos não existe limite algum. Isso resulta em muita confiança e deixa a pessoa aberta a ser explorada e maltratada. Tal pessoa está disposta demais a perdoar e esquecer repetidas vezes. A outra pessoa recebe muito mais da relação do que doa e pode começar a pensar que não precisa doar nada. Ela se comporta de maneira cada vez mais abusiva, como uma criança mimada que força os limites para ver até onde eles vão. O pior caso seria aquele em que um parceiro ou parceira estaria disposto a perdoar o outro porque não tinha limites bem definidos. A pessoa toleraria a situação para manter o relacionamento. No fim, a outra pessoa poderia muito bem terminar a relação, acusando a pessoa de ser tolerante demais e muito fraca.

Todos nós precisamos de limites. Precisamos deles para nós mesmos e para os outros. Algumas vezes, o custo de sustentar um relacionamento é muito alto. Há momentos em que desistir é a coisa certa a ser feita.

TESTE DE REALIDADE

Agora, um teste de realidade sobre a sua eficiência em colocar em prática seus *insights*. Para fazer isso, reflita e faça uma lista de parceiros ou parceiras que você teve durante sua vida. Se você teve apenas alguns, liste as pessoas que achou atraentes.

Pegue um pedaço de papel e faça um risco dividindo-o em dois. De um lado coloque o título "Qualidades positivas" e do outro "Qualidades negativas". Pegue o primeiro nome na sua lista de parceiros ou parceiras e escreva tanto suas qualidades positivas quanto negativas embaixo das respectivas colunas. Depois pegue o nome da segunda pessoa e repita o processo, marcando uma qualidade que já tenha aparecido na lista referente a uma pessoa anterior. Continue este processo até que tenha analisado todos na sua lista.

Essa lista será um teste de realidade com relação ao que você realmente seleciona em comparação ao que pensa ter selecionado.

Por exemplo, quando definiu seu critério, você pode ter decidido que honestidade era a qualidade mais importante que você busca em um companheiro ou companheira. Ao analisar as pessoas com quem se relacionou anteriormente você pode descobrir que apenas algumas tinham honestidade.

Se há uma diferença, isso irá mostrar a separação entre o que você acredita ser seu critério e como na realidade sua voz condicionada guia você.

Procure, também, por desvantagens do que você seleciona e se algumas das qualidades vão de encontro uma com a outra. Por exemplo, se você busca um tipo aventureiro que também adore ficar em casa, você vai ver que é difícil reunir ambas as qualidades em uma pessoa.

Identidade

Finalmente o nível da identidade — você como uma pessoa completa.

Faça uma breve descrição de como você se vê no contexto dos relacionamentos, por exemplo: "Eu sou um amante afetuoso", "Eu sou uma pessoa confiável", "Eu sou alguém que dá mais do que recebe" ou, por outro lado, "Eu tenho o coração de pedra", "Eu sou do tipo de pessoa previsível" ou "Eu amo e depois deixo a pessoa".

Qualquer que seja a maneira como você se descreve, brinque com as descrições até que descubra uma que se encaixe em você. Pode ser um esclarecimento ou uma reafirmação de algo que você já sabe há anos.

Escreva a afirmação da seguinte maneira:

"Eu sou... em relacionamentos."

Agora pense em que tipo de metáfora descreveria você.

Com o que se parece a sua identidade? É um furacão? É um bichinho de estimação carinhoso? Um dom-juan?

"Em relacionamentos eu sou parecido com... porque..."

O que mais precisa ser verdade para essa metáfora fazer sentido?

Agora pense em uma metáfora de como você gostaria de ser:

"Em relacionamentos, eu gostaria de ser... porque..."

Como a primeira metáfora se relaciona com a segunda?

Além disso, como a sua identidade é apoiada pelo que você descobriu nos outros níveis?

Após escrever sua percepção do *self*, pense por alguns instantes sobre como essa consciência afetou seus relacionamentos no passado. Ela pode ter sido uma das causas de seu sucesso. Pode ter sido um fator que limitou você ou que estabeleceu a repetição de padrões não desejados dentro dos seus relacionamentos. Por exemplo, alguém que conhecia tinha uma identidade de "Eu sou um solitário". Ele vivia essa identidade – mesmo em meio a outras pessoas.

Capítulo 3

Nossa voz intelectual

- A voz intelectual é nossa capacidade de avaliar, de dar um passo para fora dos sentimentos do presente, de comparar e decidir. Ela não é influenciada pelo condicionamento do instinto e nem o inconsciente. Não se trata de conhecimento acadêmico, matemática avançada, educação formal ou filosofia. É racional, embora não necessariamente lógico. Não se contrasta com as emoções, mas trabalha com elas. Certamente, não é de algum modo superior às nossas emoções e não irá necessariamente tomar a decisão correta por si só. Com alguma freqüência, iremos agir puramente de acordo com nossas emoções, contra o conselho da razão, e estaremos certos ao fazer isso. Você precisa equilibrar entre emoção e razão para os seus relacionamentos serem mais completos. Uma forte voz intelectual é parte essencial desse equilíbrio.

A voz intelectual precisa de algo para trabalhar — como o fogo, ele não queima sem combustível e queima mal com combustível de baixa qualidade. Forneça crenças conflitantes e limitadoras, valores confusos e fatos errôneos e ela fará o seu melhor, mas sua conclusão será tão boa quanto o combustível. A voz intelectual necessita de informação precisa para trabalhar. Dê a ela uma falsa crença e ela criará centenas de justificativas e linhas de ação a partir dessa crença.

Nossa voz intelectual é a base de nossa ciência e tecnologia e também tem seu lugar nas questões do coração. Você sabe que o pensamento racional é a primeira casualidade de nossos anseios mais básicos.

As três vozes desenvolvem-se em seqüência à medida que amadurecemos. Quando nascemos, nosso comportamento é amplamente instintivo. Quando crescemos, nossa voz condicionada assume seu lugar. E quando isso acontece, a capacidade de pensamento intelectual se desenvolve. Sabemos, por meio de estudos psicológicos, que o raciocínio abstrato desenvolve-se muito tarde, que crianças pequenas não pensam racionalmente. Cada camada é construída sobre a anterior. Não podemos aprender a ser sociáveis sem que nossas necessidades básicas sejam preenchidas. E não podemos pensar logicamente sem um fundamento sólido em linguagem e aprendizado de nossa cultura, sociedade e família. Nós criamos grandes estoques pelo nosso intelecto. Contudo, ele é a última faculdade a ser desenvolvida em nossa jornada à vida adulta e vem de uma parte do cérebro que é uma reflexão evolucionária tardia, o último advento em seus milhões de anos de evolução. Nós duvidamos do fato de a humanidade já ter tido prática suficiente para ser boa em raciocínio absoluto.

O intelecto nos permite pensar *sobre* coisas e não nos perdermos *nelas*. Podemos segurar um pensamento enquanto o comparamos com outro e avaliamos sentimentos, mesmo aqueles fortes que vêm das partes mais profundas do cérebro como fome, sede, sexo e até sobrevivência. Uma criança não dará a sua vida por uma idéia, mas um homem ou uma mulher pode fazer isso.

O intelecto tende a ser mais altamente valorizado por homens do que por mulheres, e tradicionalmente os homens alcançam mais nos campos intelectuais de assuntos acadêmicos. Nós duvidamos do fato de que a razão seja que as mulheres sejam piores do que eles se elas se esforçarem de verdade, embora existam diferenças genéticas entre o cérebro do homem e o da mulher que são realmente responsáveis por algumas das diferenças em suas conquistas. Este é um campo minado de especulação e de preconceito. Homens e mulheres são melhores em assuntos diferentes e isso somente é um problema se você pensar que eles estão competindo.

Quão familiarizado você está com a sua voz intelectual? Você provavelmente a conhece muito bem; é uma boa amiga. A voz intelectual é a voz racional, avaliadora e calma que reúne informações, toma decisões e faz recomendações imparciais. Ela nos diz o que é certo, com base nas informações disponíveis para ela, não no que gostaríamos que fosse verdade.

Imagine por um momento que você precisa fazer uma escolha. Uma escolha simples, sem conteúdo emocional, por exemplo, como terminar de ler esta seção do capítulo agora ou mais tarde.

Qual é o caminho para você tomar essa decisão?
Com o que essa voz do intelecto se parece?
Parece vir de fora ou de dentro?
De que lado seu ela parece surgir, ou ela é central?
Ela parece vir de cima ou de baixo?
Que tipo de voz é?
Havia uma voz interior clara ou eram duas ou mais vozes discutindo sobre seus méritos?
Se você ouve duas vozes, de onde elas vêm?
As escolhas são representadas como imagens?
Existe algum sentimento associado com a escolha — você "pesou" as alternativas?

Seja o que for que você fez, envolveu avaliar as possibilidades sem ter de se comprometer com nenhuma delas. Não há grande paixão associada a ler o resto da seção ou não, o que torna isso muito mais fácil de passar de uma escolha à outra. Se uma das opçoes tivesse muita emoção associada a ela, seria muito mais difícil. Você precisaria se desligar dela para olhar para as outras opções.

A voz intelectual envolve duas habilidades:

1 Desligar-se de uma idéia, colocando de lado o sentimento e seguindo em frente para a outra opção.
2 Fazer uma escolha com base na avaliação geral após ter olhado todas as opções.

Para algumas pessoas é como se distanciar de todas as opções e analisá-las. Para outras, é como pesar os pontos de vista; existe um elemento de sentimento em como elas decidem. Para outras, ainda, é como ouvir todos os pontos de vista — talvez elas conversem sozinhas, representando os diferentes pontos de vista com vozes diferentes ou com a mesma voz vindo de pontos diferentes da sua mente. Você algumas vezes é capaz de ver as pessoas fazendo isso como uma discussão interior, primeiro colocando a cabeça de lado, parecendo perdida, depois colocando a cabeça para o outro lado, para ouvir um outro ponto de vista, como um juiz em um tribunal ouvindo dois advogados.

A voz intelectual é vital para o sucesso dos relacionamentos. Você precisa conter a voz instintiva quando esta lhe mostra um caminho para a gratificação instantânea, checando se não haverá um sofrimento futuro depois da próxima curva. Você precisa avaliar o que a sua voz condicionada está sugerindo, para comparar o que dá certo e o que não dá, o que dá poderes e o que não dá. O intelecto pode assumir uma posição fora dessas questões, para que não sejamos pegos cegamente por elas.

O Sr. Spock de *Guerra nas estrelas* deve representar o arquétipo da voz intelectual. Em *Guerra nas estrelas*, o Capitão Kirk tinha que, de algum modo, harmonizar o intelecto, simbolizado pelo Sr. Spock, e a emoção, simbolizada pelo Dr. McCoy. Esta é uma boa metáfora, porque a emoção sem direcionamento é como um cavalo desembestado, muito poder e nenhuma direção. O intelecto sem emoção é como um extenso livro de psicologia, muitas idéias, mas nenhuma alma, e também grande o bastante para nocautear alguém que o subjugue. Os relacionamentos com base apenas no que é perceptível provavelmente serão enfadonhos, sem inspiração, amor, nem paixão. Podemos entrar em relacionamentos assim porque nossos pais sempre nos ensinaram isso; este seria um caso de intelecto e condicionamento trabalhando juntos. Se o impulso genético ou o condicionamento for ignorado em favor da percepção, nós poderemos acabar em uma geladeira emocional.

NOVAS PERSPECTIVAS

A voz intelectual tem duas forças enormes. Primeiro, ela pode ficar alheia aos sentimentos e avaliá-los por meio de comparação. Ela pode sustentar duas idéias sem se deixar levar por uma das duas. Pode pensar *sobre* idéias e não se perder *nelas*; pode mantê-las ao seu alcance e decidir o que fazer.

Segundo, ela é uma viajante do tempo. Pode sair do presente, saltar para o futuro possível (e provável) e olhar para trás e julgar daquela perspectiva se o que você deseja fazer é uma boa idéia. Ela pode imaginar futuros diferentes. Pode viajar ao passado e utilizar essa experiência como ajuda.

O rapaz conhece a moça em uma festa, por exemplo. Ele flerta com ela e é correspondido. No entanto, ela já tem um namorado grande e musculoso. O rapaz se recorda que da última vez que isso aconteceu o namorado o levou para fora e deu-lhe uma surra. "Vá em frente", sugere a voz genética, "dará tudo certo". Porém, o rapaz imagina o que pode acontecer com ele se esse namorado ficar nervoso e decide flertar com outra pessoa, apesar de sua excitação.

Uma mulher pode se sentir bastante atraída por um homem casado, talvez até mesmo começar um caso com ele, e depois perceber que o relacionamento, construído como está, em segredo e desconfiança, não tem futuro a longo prazo. Ela pode notar também que, se o homem está traindo a mulher dele, também pode traí-la mais tarde.

O equilíbrio entre nosso intelecto e nossas emoções é difícil, porque eles não usam o mesmo tipo de valores para fazerem julgamentos. A emoção decide pela força da sensação corporal no momento. O intelecto considera cenários a longo prazo.

A voz intelectual pode ficar de fora do tempo e traçar nossas possíveis conseqüências. Tanto a voz condicionada quanto a genética vêm do passado e nos cegam para o presente. Se tivermos um problema no presente, poderemos pensar no passado para descobrir as causas, talvez apontar a decisão ruim que tomamos ou ver um padrão de crescente insatisfação. Talvez não fosse em apenas uma instância mas um padrão lento e crescente, imperceptível na época, porém óbvio para uma percepção mais avançada. Se pelo menos pudéssemos ter previsto isso! Nosso intelecto nos permite fazer isso — nós não prevemos o futuro exatamente, mas podemos presumir algumas conseqüências prováveis.

Imagine que o tempo seja uma longa linha. Nós falamos sobre períodos curtos e longos de tempo, de ir longe ao passado e ao futuro, a extensão do tempo. Qualquer que seja a realidade do tempo, tendemos a pensar nele em termos de comprimento. A voz intelectual é nosso guia de viagem pelo tempo, como o Dr. Who, nos mostrando um futuro possível e nos ajudando a entender o passado, um viajante do tempo.

Com o intelecto podemos assumir diferentes perspectivas, podemos imaginar como algo é do ponto de vista de outra pessoa, e isso nos dá a base da empatia.

Nós temos nossa própria perspectiva — isso é chamado de "primeira posição" na PNL. A primeira posição é importante, é parte de nossa identidade, mas se ela fosse tudo, nós seríamos todos uns monstros egoístas. Assumimos uma primeira posição antes de levarmos em conta os sentimentos dos outros e então isso se une à voz genética. Trata-se de nossas necessidades, nosso ponto de vista e nossas crenças.

Também podemos assumir a "segunda posição" e nos identificar com os outros. Isso nós adquirimos da nossa sociedade, família e cultura; é a base do sentimento de companheirismo. Qualquer pessoa que não partilhe desses sentimentos não irá importar-se com os outros, porque as outras pessoas existem apenas como meios de preencher seus próprios desejos e necessidades. Essas pessoas são geralmente rotuladas de psicopatas ou sociopatas. Então, a segunda posição se desenvolve de uma experiência partilhada na sociedade e está ligada à voz condicionada.

A "terceira posição" vem da nossa voz intelectual. Não se trata de assumir o ponto de vista de outra pessoa, mas da capacidade de absorver inteiramente o ponto de vista de outra pessoa e julgar entre pontos de vista diferentes.

DIREITOS E RESPONSABILIDADES

A voz intelectual geralmente tem muito a dizer sobre direitos e responsabilidades. Todos nós somos incisivos ao estabelecermos nossos direitos, porém nem tanto ao assumirmos responsabilidades. Ainda assim, temos responsabilidades bem como direitos, e algumas vezes os casais discutem sobre eles.

Existem algumas diferenças típicas de gênero aqui também. Os homens tendem a enfatizar direitos. Eles são mais propensos a valorizar a independência do que as mulheres, e direitos são algo que define você como um ser independente, você os tem por ser quem você é. Conhecemos homens que supõem que porque trabalham o dia todo têm o direito de ficar até tarde no bar com os amigos depois do trabalho, mas esse tipo de direito freqüentemente não é algo com que ambos os lados concordem.

As mulheres se sentem mais atraídas às responsabilidades porque é por meio delas que você responde a alguém, e as mulheres tendem a favorecer os relacionamentos mais do que todos os valores masculinos de força, poder e independência. Então, enquanto os direitos tratam mais de independência, as responsabilidades são mais relacionais. Porém, nenhum dos dois pode existir sem o outro. Ter direitos também significa ter responsabilidades e vice-versa. Os homens muitas vezes caem na armadilha de apropriarem-se de seus direitos e esquecerem as responsabilidades relacionadas a eles.

Um relacionamento dá a ambas as partes direitos e responsabilidades iguais, e é de grande valia sermos claros sobre eles. Eles podem estar claros na sua mente, mas direitos são concedidos e responsabilidades são dadas, então ambos os lados precisam ser claros sobre isso. Se você acha que tem um direito e seu parceiro ou parceira não, então haverá problemas, assim como você achar que essa pessoa tem uma responsabilidade, mas ela não.

Experimente este exercício:

Que direitos você acha que tem em seu relacionamento? Faça uma lista.
Agora imagine que você é o seu parceiro ou parceira no relacionamento. Assuma a perspectiva da pessoa (segunda posição).
Da perspectiva da pessoa, você concorda com a lista?
Ainda do ponto de vista da pessoa, que responsabilidades você esperaria que viessem junto com esses direitos?
Agora, do seu ponto de vista novamente, que responsabilidades você acha ter para com o seu parceiro ou parceira?
Do que você cuida?
Que trabalhos domésticos você faz?
Quem ganha o dinheiro?
Quem cuida do dinheiro?
Que outras responsabilidades você percebe ter?
Faça uma lista de suas responsabilidades, à medida que as for percebendo.

Agora, da perspectiva do seu companheiro ou companheira, que responsabilidades essa pessoa espera de você?
Agora faça uma comparação de suas listas (terceira posição). Elas podem resultar em uma leitura bastante interessante. Verifique-as junto com a outra pessoa de verdade se elas mostrarem uma discrepância muito grande.

Novamente, equilíbrio é importante. A armadilha para os homens é supor direitos e não pensar em responsabilidades. Para as mulheres, tende a ser o oposto, supor responsabilidades e negligenciar os direitos correspondentes.

MAIS QUE PALAVRAS

Boa comunicação inicia-se com a voz intelectual, mas ela traz também as outras vozes. Podemos nos preparar para comunicarmos algo intelectualmente e terminarmos em uma discussão inflamada, nos perguntando como uma idéia tão simples pôde levar a tal disputa. Uma maneira de isso ocorrer consiste na escala de níveis lógicos. Tenha muito cuidado com isso — toda vez que você subir um nível, você supera o anterior significativamente, uma vez que cada nível traz mais emoção junto dele.

Por exemplo, vamos dizer que uma mulher está sentada na sala e seu marido entra. Ele diz: "Esta sala está uma bagunça."

Isso poderia ser uma simples observação, no nível do ambiente, mas a vida não é tão simples. A esposa vê isso como uma crítica implícita no nível do comportamento e se defende.

"Eu arrumei nesta manhã."

Duas coisas aconteceram. A primeira foi que ela aceitou a responsabilidade pelo estado da sala e a segunda, ela subiu ao nível do comportamento para se defender.

O marido poderia subir também e dizer: "Bem, certamente você não fez isso direito!"

(Ele também pode ter aceitado o direito de se sentar em uma sala bagunçada após o trabalho.)

Agora ele está questionando a capacidade dela de manter a casa organizada e isso pode ser um valor importante para ela.

Ela pode dizer: "Se você me ajudasse mais, em vez de criticar, tudo seria mais fácil!"

(Ela também não aceita o direito dele.)

Então teremos atingido o nível da identidade se ele responder: "Está dizendo que estou criticando você? Eu não falo nada há semanas [sugerindo que ele já havia percebido ou pensado nisso]. Não seja tão sensível!"

Então, após ter iniciado com o ambiente, estamos agora em uma batalha de identidade — ser crítico contra ser sensível.

Comunicação é dividir algo e envolve muito mais que apenas uma troca de fatos. Então, a voz intelectual sozinha não é o bastante — ela irá confundir informação com comunicação. Informação é dizer algo, mas comunicação envolve significado e influência. Não podemos não nos comunicar; até o silêncio é uma comunicação. Conhecemos pelo menos um casal para quem o silêncio é um péssimo sinal. Quando a esposa está em silêncio, o marido e as crianças andam na ponta dos pés como se fossem do esquadrão antibombas esperando uma explosão inevitável.

Comunicação consiste em como você constrói seu relacionamento ou o destrói. Desentendimentos acontecem porque o que se passa dentro de nossas mentes é invisível aos outros; portanto, boa comunicação significa fazer duas coisas:

1 Dividir suas expectativas, crenças e valores, explicar sua experiência para que seu parceiro ou parceira possa entendê-la. Todos nós esperamos que os outros naveguem em nosso mundo, mas freqüentemente mantemos o mapa trancado atrás de nossas sobrancelhas.

2 Fazer perguntas para que você possa entender as expectativas e valores do seu companheiro ou companheira, para poder ter idéia do mapa da pessoa e não precisar navegar cegamente pelo mundo dela.

Nos comunicamos com mais do que palavras. Nosso tom de voz e a linguagem corporal dizem ao nosso parceiro ou parceira o que as palavras significam. É por isso que quando nos perguntam se amamos alguém, podemos dizer "É claro que eu amo você" e *comunicar* "Eu realmente estou farto de você me perguntar isso", "É, gosto de você" ou "Eu morreria se você me deixasse", e muitos outros significados que aparecem a partir das mudanças da inflexão da voz ou da linguagem corporal. As palavras são apenas o início da comunicação.

Quando as palavras e os sinais não-verbais transmitem mensagens diferentes, nós acreditamos na mensagem não-verbal. Podemos fingir responder as palavras e em alguns momentos fingimos não perceber a linguagem corporal porque é difícil e constrangedor lidar com o embate entre ela e as palavras. Mas lá no fundo sabemos que algo não está certo.

Eu (Robin) me lembro de assistir a filmes de *cowboy* quando era pequeno. Era fácil identificá-los quando o mocinho usava um chapéu branco e era educado com as moças. Os bandidos usavam chapéu preto, não faziam a barba e olhavam de lado para todos. Seus ombros encolhiam quando eles viam os mocinhos. Depois de mais da metade do filme, havia um duelo entre os do chapéu branco e os do chapéu preto, no qual cada grupo estaria atrás de um muro sem a menor possibilidade de atingir um ao outro. Então eles conversavam. O bandido sempre fazia uma promessa de que se entregaria para encorajar o mocinho a sair de trás da proteção. "*Ok*, Clint, você me encurralou. Eu me rendo, não atire." Então o mocinho fingia sair. O bandido pulava e dava um tiro, e depois o mocinho, fazendo uso de toda malandragem investida nele pelo divino, voltava de novo para trás do muro e acertava o bandido.

Muitos casais ao tentarem resolver questões adotam a mesma estratégia. Conseqüentemente, somente um deles pode vencer. Se você vence, quer dizer que a outra pessoa perdeu, e isso pode ferir o relacionamento. Se você quer genuinamente se comunicar, isso requer confiança e o desejo do melhor para os dois durante a vida toda. Se a comunicação tornar-se um jogo de palavras, um pingue-pongue verbal, onde um de vocês dois sai vitorioso e o outro fica confuso e manipulado, então ambos saem perdendo.

Perguntas

As perguntas são um modo importante de comunicação. Existem várias maneiras de se fazerem perguntas. Se você assistir a repórteres e entrevistadores políticos, isso lhe dará uma idéia do quanto é difícil fazer perguntas e do quanto as respostas podem ser distorcidas quando a pergunta não tem qualidade.

Eu (Joseph) me recordo de ter sido entrevistado há alguns anos para a televisão. O entrevistador me fez perguntas e eu as respondi. Durante todo o tempo, a câmera estava ligada. A entrevista foi boa. Eu fiquei satisfeito. Quando acabou, o câmera então filmou o entrevistador fazendo as perguntas novamente. Esses pequenos trechos foram encaixados para substituir as perguntas que eu havia respondido. Eu fiquei surpreso, mas faz sentido porque quando você vê um entrevistador na televisão fazendo uma pergunta, geralmente a câmera está nele enquanto ele faz as perguntas. Depois ela passa para a pessoa que está sendo entrevistada. Esta técnica seria ótima se as perguntas que o entrevistador fizesse para a câmera na segunda vez fossem as mesmas que havia feito para mim na primeira vez. Elas não eram bem as mesmas e o que pareceu na filmagem editada é que eu estava sendo evasivo porque não respondi à pergunta que o entrevistador havia feito.

Existe um paralelo disso em relacionamentos. Quando fazemos uma pergunta, algumas vezes a pergunta que nosso parceiro ou parceira responde não é a mesma que havíamos feito. Em relacionamentos, a qualidade das perguntas irá influenciar na sua intimidade com a pessoa que está com você e no tamanho da confiança que pode crescer entre vocês.

Nós fazemos perguntas por duas razões principais. A primeira é estabelecer a verdade e a compreensão do que está acontecendo com a outra pessoa. A segunda razão é fazer a outra pessoa dizer o que queremos que ela diga, o que seria conveniente para nós que ela dissesse. O primeiro estilo é honesto. O segundo é desonesto e manipulador. Contudo, o maior erro que a maioria dos questionadores manipuladores comete não é a manipulação em si, mas o fato de eles agirem com base na resposta manipulada como se ela fosse verdade. O raciocínio é o seguinte: "Agora que eu consegui fazer com que alguém dissesse para mim que me ama, eu posso agir como se essa pessoa me amasse" ou "Agora que eu forcei alguém a me dizer que será sempre fiel, eu posso supor e agir como se essa pessoa fosse sempre fiel". Uma resposta forçada a uma pergunta manipuladora não vale o ar que a carrega da boca ao ouvido.

O que separa a manipulação da persuasão e da orientação? A sua intenção. Se você está fazendo perguntas para conduzir alguém a considerar outras possibilidades com a intenção de ajudar essa pessoa, então isso é orientação. Se a única parte a ganhar é você, então isso é manipulação.

Quando se trata de reunir informações, existem sete pontos muito úteis: "o quê", "onde", "como", "quando", "qual", "quem" e "por quê". Um "sim" ou um "não" não pode responder a nenhuma pergunta que comece com algum desses pontos. Eles exigem respostas mais completas. Se você der espaço para alguém responder e não se antecipar completando a resposta, então esses sete pontos irão obter para você uma série de informações. No entanto, é melhor você tomar cuidado com o "por quê". Por que tomar cuidado? Para descobrir, responda às seguintes perguntas mentalmente:

Quando foi a última vez que saiu de férias?
Onde você foi?
Como estava o tempo?
Qual agência de viagens você usou?
O que você fez na viagem?
Quem foi com você?
Por que você foi com essa pessoa, ou pessoas, ou por que foi sozinho?

As seis perguntas iniciais buscam informações reais. A pergunta "por quê" busca o racional por trás da decisão. Embora seja informação útil, obtê-la pode ser visto como confrontação. Você força as pessoas a justificarem ações e decisões. Esse tipo de pergunta também pode ser visto como crítica. Isso é particularmente verdade durante uma conversa mais acalorada.

Certamente, seja crítico e acusativo se isso for conveniente para vocês dois. Mas você pode considerar fazer uso de uma das outras palavras para assumir o lugar do "por quê" e fazer perguntas como: "O que está por trás da sua atitude?", "Como você esperava que isso funcionasse?" ou "O que há de importante nisso?". A diferença pode parecer pequena, mas o efeito é importante.

A LINGUAGEM DOS SENTIDOS

Nós fazemos perguntas e ouvimos as respostas, e também obtemos informações por meio de nossos cinco sentidos. Sem eles não teríamos evidência alguma de existência de qualquer coisa.

As pessoas fazem uso desses sentidos de várias formas. Os sentidos mais comumente dominantes são a visão, a audição e o tato. Os dois que são geralmente de uma importância menor como canais para obtenção de informação são o paladar e o olfato. Este não é sempre o caso. Por exemplo, um *chef*, um *sommelier* e um graduador de chá provavelmente terão maior sensibilidade para gostos e cheiros do que o resto de nós. Um músico provavelmente tem maior predisposição normal para o som. Um diretor de cinema e um artista podem ser mais visualmente dominantes e podem também ter a capacidade de se destacarem daquilo que está acontecendo, automaticamente assumindo aquele posicionamento objetivo.

Se tivermos um sentido dominante, ele será muito importante para nós e iremos expressar essa importância na linguagem que usamos. Se você perguntar a alguém que é bastante visual sobre suas férias, essa pessoa possivelmente irá contar a você sobre o hotel, o colorido da vista, a quantidade de nuvens no céu e como era o quarto. Alguém que seja mais orientado pelo som falará a você sobre o canto dos pássaros, se as boates são barulhentas e sobre a musicalidade local. Uma pessoa de tato irá enfatizar o trânsito das ruas, como estava o calor e a quantidade de pessoas na praia. A maioria das pessoas dará a você uma mistura ou equilíbrio dessas descrições sensoriais.

O que isso tem a ver com relacionamentos? Você sabe quais preferências sensoriais seu parceiro ou parceira tem? Caso não saiba, você pode estar limitando a eficácia da sua comunicação com essa pessoa. Eis uma pequena conversa entre o marido e a mulher que conhecemos anteriormente, novamente sobre a bagunça da casa.

— Essa casa está uma bagunça.
— Mas *parece* confortável assim.
— Mas *imagine* se um amigo chega aqui e *vê* isso.
— Ele vai ver que é uma casa *descontraída*.
— Como as pessoas poderiam fingir que *não vêm* uma bagunça dessas?
— Elas poderiam se estivessem *à vontade* umas com as outras.

Eles dois estão falando sobre a mesma coisa, a condição da casa, porém estão atribuindo interpretações diferentes para o que aquilo significa. Um vê a bagunça como sinal de descaso, o outro sente aconchego e amor. O fato de nenhum dos dois estar usando a linguagem sensorial do outro faz com que eles não concordem. Eles são incapazes de se entender.

Com muita freqüência, uma pessoa odeia desordem enquanto a outra literalmente não a vê. Enquanto estão confortáveis, ou ocupados demais falando sozinhos ou argumentando sobre o cuidado com o estado da sala, eles não se preocupam com o outro lado do problema. Nesse tipo de situação, para resolvê-la você precisa se colocar no lugar do outro. Então você precisaria dizer algo do tipo: "Eu sei que você não se importa muito com a aparência da sala, mas para mim é como sentar em uma cadeira dura. Eu não consigo me sentir confortável." Qualquer um que estiver se sentindo mais incomodado irá entender isso imediatamente. Isso se tornará real para eles de uma maneira que não era, anteriormente. Com alguém para quem a sonoridade é mais importante, você poderia dizer: "Eu sei que você não me escuta quando eu digo que a sala está bagunçada, mas para mim é como ouvir um CD arranhado, a música fica saindo do tom e do ritmo. Isso me irrita."

Embora a organização possa parecer uma pequena parte do que faz um relacionamento dar certo, são as coisas pequenas que incomodam, porque elas freqüentemente têm as mesmas raízes dos desentendimentos maiores e acontecem com mais freqüência. Se você sentir que não será compreendido nos pequenos detalhes, pode desistir de buscar um entendimento mútuo nas questões maiores.

Ouça o seu companheiro ou companheira conversar com outra pessoa em um momento em que você não precisa estar prestando atenção no que está sendo dito exatamente. Perceba se você pode identificar palavras usadas que possam ser associadas com qualquer um dos cinco sentidos. Durante um período de tempo, você pode identificar uma preferência. Se isso acontecer, use essas palavras quando conversar com a pessoa e veja se há alguma mudança ou melhora na sua capacidade de entender e ser entendido. Pode ser que dizer "Você me entende?" ao seu companheiro ou companheira faça mais sentido do que "Eu quero que você saiba como eu me sinto".

As preferências sensoriais também têm uma função importante na atividade sexual e na demonstração de carinho. Não é surpresa que pessoas com um sentido dominante de visão prefiram estímulo visual como parte das preliminares. Outros preferem palavras ou toques. Se seu parceiro ou parceira é visual, então a maneira como você se veste e a sua aparência serão importantes. Se a pessoa der mais ênfase às palavras, então o que você diz, e como, irá influenciar no grau do estímulo que ela terá. E se o toque for importante — bem, o toque é sempre importante, porém é mais importante para uns do que para outros.

Capítulo 4

Harmonia inteligente

• Agora já temos as nossas três vozes. Que tipo de harmonia elas criam? Elas raramente têm um espaço para um solo, embora uma possa ser dominante, dependendo das circunstâncias. Você também pode pensar nelas como cores em uma paleta – o vermelho da voz instintiva, o azul da voz condicionada e o verde-claro da voz intelectual. Que tipo de imagem você consegue pintar?

Todos têm a sua própria harmonia. Cada um pinta a sua própria imagem, porque não existem faculdades permanentes, mas tipos fluentes de inteligência. Quando se misturam bem, eles o tornam inteligente — da maneira sexual, emocional, social e intelectual.

Cada uma das vozes possui suas fraquezas características. A voz genética se importa apenas com o momento e a gratificação. A voz condicionada pode trazer todas as fraquezas e limitações de nossa sociedade, nossa cultura e nossos pais, e todas as crenças limitadoras sobre você mesmo e as falsas conclusões que estas trazem. O intelecto por si só é enfadonho, calmo e pode apenas responder a perguntas com base na qualidade da informação com a qual ele trabalha. Deixado sozinho, ele é a burocracia infindável da mente.

Cada uma das vozes tem suas próprias forças também. A voz genética possui energia, direcionamento e urgência. A voz condicionada tem habilidades sociais, de comunicação e crenças e valores poderosos. A voz intelectual possui julgamento, objetividade, capacidade de viajar no tempo e de avaliar. Coloque-as juntas com suas emoções e sentimentos e você tem uma harmonia inteligente.

Com o modelo das três vozes, como pode um relacionamento dar certo? Você vê alguém e a sua voz genética responde. Ela sussurra sobre a cor dos olhos, o corpo, a musicalidade da voz e o modo como a pessoa se movimenta. Você sente o estômago embrulhar, uma agitação, talvez uma pequena transpiração, e não consegue tirar os olhos da pessoa. Você se vira mas seus olhos encontram o caminho de volta até a pessoa. Você julga, sem saber, que de acordo com o critério aceito como atração você e essa outra pessoa são semelhantes. Não apenas ela mexe com você, mas ela também parece familiar, como se tivesse se encaixado no seu lar quando criança. Ela se parece com a pessoa com quem você ensaiou mentalmente durante toda a sua vida. Vocês fazem jogos de olhares para estabelecer uma atração mútua. Ela é do tipo que você sempre procura. Vocês dão um jeito, como que por acidente, de estar perto um do outro. Então começam a conversar. Com o tempo, vocês descobrem que têm muito em comum. Sua visão de mundo, o que é importante e o que é verdadeiro são coisas semelhantes para vocês dois. O que a outra pessoa busca na vida é compatível com o que você deseja. Ela tem a mesma definição de relacionamento que você. Ela gosta de fazer as mesmas coisas que você e ir aos lugares que você gosta de ir. Vocês saem juntos. É bom. Parece que vocês se ajudam a ser mais o que cada um gostaria de ser. Vocês se sentem mais completos. À luz do dia, a sua avaliação objetiva é que tudo pode dar certo entre vocês. Suas três vozes estão satisfeitas e podem cantar juntas em harmonia com as três vozes dessa outra pessoa. Isso acontece a todo momento. Algumas vezes, porém, a vida não é tão simples assim.

Não existe futuro em um relacionamento sem algum grau de confiança. Os relacionamentos mais satisfatórios significam dividir, aprender sobre a outra pessoa e contar a ela sobre você. Você permite que a outra pessoa entre na sua vida, primeiro abrindo a porta um pouco e depois, se a confiança existir, abrindo-a completamente, permitindo que a pessoa entre. Da mesma forma, você lentamente passa a conhecê-la. Você nunca diz tudo sobre si mesmo a ninguém, mas confiança significa ser honesto sobre o que você escolhe dizer, estar aberto para o que preocupa vocês dois e sobre o que é importante para vocês em um relacionamento. Você não precisa de confiança para fazer sexo, a voz genética sozinha não precisa, mas você precisa de confiança se o sexo for se tornar mais do que um prazer físico e se a outra pessoa for se tornar mais do que apenas um corpo que lhe proporciona prazer.

A palavra "confiança" significa também "segurança". Em outras palavras, nós alimentamos confiança quando acreditamos que podemos contar com a segurança que a outra pessoa nos dá; ela não nos irá deixar ou nos decepcionar. "Confiança" e "segurança" são substantivos que estão intimamente ligados. Aquilo em que confiamos se torna seguro para nós, e o que é seguro nos transmite confiança. Muito raramente confiamos em alguém imediatamente; a confiança leva tempo para se desenvolver. Estabelecer confiança é como criar filhos — quanto mais eles demonstram que são dignos de confiança, maior é a rédea que damos a eles. Nós testamos a outra pessoa para saber que ela não nos irá deixar na mão, não necessariamente submetendo-a a um teste especial, mas vendo como ela lida com a vida.

Existe sempre um risco em confiar. É isso que torna a confiança tão preciosa. Como você constrói um relacionamento de confiança? Como você sabe que a outra pessoa está sendo honesta com você, que o que ela diz é sincero? Como você sabe que ela está dizendo a verdade, dizendo o que realmente sente em vez de o que você quer ouvir, ou, pior, que ela não está tecendo uma rede de mentiras para esconder o que realmente pensa? Para se entregar em um relacionamento, mesmo a curto prazo, precisamos nos sentir seguros, e a confiança é o que nos deixa seguros.

A realidade da vida é que as pessoas não são necessariamente confiáveis. Confiança indiscriminada e imediata é tolice. Contudo, enquanto não há respostas fáceis, existem algumas regras básicas sobre confiança que podemos usar como guias.

Primeiro, a confiança deve ter limites. Confiança sem limites não é realmente confiança, mas uma abertura indiscriminada. A confiança precisa ser ganha e concedida honestamente para ser válida. Nós já lidamos com estabelecimento de limites sobre o que deve ser tolerado, quantas vezes e durante quanto tempo (*consulte p. 96-97*). Em alguns momentos, você precisa tomar a decisão de aceitar o que tem ou deixar um relacionamento. Você precisa fazer a si mesmo a pergunta: "Estou preparado para ficar nesse relacionamento se nada mudar?" Este é o pior caso. Se estiver, então fique. Caso contrário, você precisa sair dessa situação.

Além disso, a confiança não é uma situação de tudo ou nada. Você pode concedê-la em algumas áreas mas não em outras. Existem algumas pessoas às quais você pode confiar seu dinheiro, mas não o seu parceiro ou parceira. Algumas pessoas a quem você confiaria seu companheiro ou companheira, mas não deixaria consertar um fusível.

Segundo, separe confiança de concordância, afeto e especialmente de atração sexual. Eu (Joseph) lembro particularmente de dois amigos meus. Eles eram um casal encantador, eu gostava muito deles e da sua companhia, mas eles não eram dignos de confiança em muitas questões e nunca confiei neles. Não confunda confiança com querer confiar. Podemos querer confiar em alguém porque a pessoa é atraente, charmosa e uma companhia agradável, mas essas são as qualidades dela. Aproveite-as, mas não confie em alguém apenas porque você gostaria de confiar nela.

Terceiro, a confiança se desenvolve com o tempo, não em virtude do que as pessoas falam, mas em virtude do que elas fazem. A confiança não pode ser comprada — você a concede livremente ou ela é conquistada. Quando você confia em alguém, isso significa em parte que essa pessoa é constante, confiável, que ela é reconhecidamente a mesma todos os dias. Quando faz uma promessa em um dia, ela é a mesma pessoa no outro para cumpri-la.

Eis aqui um paradoxo. Para ser digna de confiança uma pessoa tem de ser flexível, precisa aprender e ter a capacidade de mudar. Por quê? Porque a vida não é a mesma todos os dias, as condições mudam e temos de aprender a mudar com elas para sermos confiáveis. Sem essa capacidade de mudança, uma pessoa é rígida demais, inflexível, incapaz de se adaptar às circunstâncias. É como uma árvore que se curva com o vento. A maneira pela qual as árvores permanecem vivas e de pé mesmo com todas as condições de tempo não consiste em ser rígida e inflexível, mas capaz de se adaptar às condições do tempo. Para ser confiável, precisamos ser capazes de auto-renovação. Precisamos ter cuidado com pessoas confiáveis que são extremamente rígidas, que têm de fazer as coisas do mesmo modo sempre, que esperam que você se adapte a elas em todos os momentos, em vez de dar e receber.

Quarto, a confiança não pode florescer quando você está com medo. Se você já sentiu medo da outra pessoa, do que ela pode fazer com você, então é muito difícil confiar, e geralmente ela não consegue conquistar sua confiança.

Por último, considere sua confiança algo precioso, não a conceda de maneira inconseqüente. A confiança é como vidro — uma vez quebrada, ela não pode voltar a ser como antes. A confiança é conquistada. Nunca permita que alguém faça você se sentir culpado por não confiar nessa pessoa. Isso é um sinal de perigo. Qualquer um que fica chateado ou sensível demais por não conseguir sua confiança pode ter algo a esconder.

E se você confia em alguém, essa pessoa decepciona você e o relacionamento se rompe? Isso é intensamente doloroso. Você não apenas perde a outra pessoa e o relacionamento que queria, mas também pode ameaçar sua auto-estima. Poucos têm a auto-estima tão solidamente construída sobre sua própria opinião de si mesmos que se tornam imunes ao que as outras pessoas pensam. Uma auto-estima saudável é um equilíbrio entre conhecermos e amarmos a nós mesmos e prestarmos atenção ao que a outra pessoa pensa. As outras pessoas são como espelhos — nos mostramos a elas para termos outra perspectiva de como somos. Contudo, algumas pessoas são espelhos que deformam — elas não refletem nosso verdadeiro valor.

Se alguém ilude muito você, então parece que essa pessoa deve tê-lo valorizado muito pouco. Isso significa que você tem pouco valor? Não. O fato de alguém não valorizar você, não significa que você não tenha valor. Significa apenas que, por qualquer que seja a razão, essa pessoa não valorizou você e que isso diz muito sobre ela e muito pouco sobre você. Romper um relacionamento não significa que sua identidade foi rejeitada. Pode apenas significar que a outra pessoa não pode seguir com você em outros níveis — crenças e valores, capacidades, comportamento e até ambiente. Ou ela pode não ser digna de confiança e ter enganado você por suas próprias razões — razões que você provavelmente nunca vai conhecer. Por mais que essa pessoa tenha agido mal, presumidamente ela teve uma boa razão para se convencer disso. De alguma forma, ela fez uma escolha que tinha sentido na cabeça dela de alguma maneira estranha. As pessoas fazem a melhor escolha possível com base em como elas enxergam o mundo. No entanto, algumas vêem o mundo desordenado, como espelhos distorcidos, e ele se mostra muito mais diferente para essas pessoas do que ele parece ser para você ou para a maioria.

Você pode ter sido ludibriado e não ter percebido. Você pode começar a questionar seu julgamento e perder confiança. Como você pode ter sido tão idiota? Como você poderá confiar em alguém novamente? Você precisa de tempo para se recuperar. Quando a dor inicial diminui, você pode incumbir a sua voz intelectual de ajudá-lo a entender o que aconteceu. Você precisa se fazer algumas perguntas difíceis:

Por que eu?

Alguma coisa que eu fiz tornou mais fácil eles me enganarem?

Por que agora?

O que aconteceu na minha vida recentemente, ou o que mudou recentemente, para que eu fosse enganado agora e não antes?

Por que a pessoa mentiu?

Em que tipo de mundo essa pessoa se vê que justificaria o que ela fez, pelo menos aos olhos dela? Você pode não concordar, mas pode começar a entender como essa pessoa pensou.

Havia alguma razão para que eu quisesse confiar nela em vez de tomar mais cuidado?

Essas perguntas irão ajudar você a aprender com a experiência para que ela não aconteça novamente.

Como você pode desenvolver uma percepção de quando confiar? Todos nós temos alguma intuição sobre o que é confiável — um sexto sentido. As mulheres desenvolveram, de modo geral, melhor compreensão da intuição porque, por serem fisicamente mais fracas, elas precisavam estar mais sintonizadas com os humores e atitudes dos homens. Então, elas se tornaram melhores em ler e entender as mensagens contidas na linguagem corporal e na qualidade da voz. Até mesmo nos dias de resmungos, cada resmungo significa algo diferente. As mulheres alcançaram um alto nível de habilidade em captar informações com seus cinco sentidos, reunindo-as de uma vez e dando um significado àquilo. Contudo, todos nós temos esse "conhecimento". Ele é freqüentemente chamado de "reação instintiva". É a capacidade de selecionar mudanças no padrão, alterações da norma e de interpretar o significado dessas mudanças. Nós aplicamos essa habilidade em nossos relacionamentos — apesar de algumas vezes escolhermos ignorar tais sinais porque não sabemos o que fazer com eles.

Sua intuição não apenas mantém você longe de relacionamentos, mas também lhe dá confiança para se comprometer em um relacionamento. Sua intuição irá proteger você. Como você a trabalha?

Primeiro dê a si mesmo algum espaço mental. Isso significa não confiar em qualquer pessoa indiscriminadamente. Não parta do princípio de que todo mundo é confiável. Deixe sua confiança ser conquistada. Por outro lado, não considere que ninguém seja digno de confiança. As pessoas são diferentes umas das outras. Se um parceiro ou parceira decepcionar você, isso não significa que a próxima pessoa irá fazer o mesmo. Tudo o que os parceiros ou parceiras podem ter em comum é ter achado você alguém atraente.

Sem expectativas fortes e idéias preconceituosas você estará mais aberta a ver, ouvir e sentir a pessoa em cada momento. Realmente preste atenção nela. Qual é a linguagem corporal dela? Isso se encaixa com as palavras dela? Não achamos que existem sinais universais na linguagem corporal que digam a você quando alguém está mentindo. Em outras palavras, quando alguém cruza os braços na sua frente, isso não necessariamente significa que a pessoa está na defensiva. Ela pode ter outro gesto que indique isso. Quando alguém coça o nariz, isso não significa automaticamente que a pessoa está mentindo. Ela pode apenas estar com coceira no nariz. A linguagem corporal não possui um significado fixo. Isso seria simplista demais. Contudo, a linguagem corporal de cada pessoa é consistente. Para interpretá-la, você precisa conhecê-la, ver e ouvir a pessoa em diferentes circunstâncias para identificar os padrões. Então, por exemplo, se você percebe que seu companheiro ou companheira tem o hábito de jogar o peso para o lado direito do corpo quando mente, fique alerta se essa pessoa fizer isso quando estiver falando com você!

Como lemos e interpretamos a linguagem corporal e a qualidade da voz das outras pessoas? Você já faz isso. Se você tem um companheiro ou companheira, então sabe quando o humor da pessoa muda e o que essa mudança significa. Sem procurar a mudança, você irá notar variações no comportamento, talvez algo no modo como caminha, como pega um papel, uma respiração ou em mil e um outros detalhes que dizem a você que algo está acontecendo.

Diminua o som da televisão e perceba o quanto você pode saber sobre a pessoa e o estado em que ela está somente pela sua expressão facial. Quando está conversando com alguém ao telefone, perceba o quanto você consegue interpretar a conversa não pelas palavras que são ditas, mas pelo modo como são ditas.

Os olhos transmitem muitas mensagens. A perda de contato visual é freqüentemente associada a safadeza e desonestidade. Isso pode até ser verdade, mas não necessariamente. Assim como todos os sinais não-verbais, o movimento dos olhos é individual. No entanto, se os olhos de alguém descerem para a esquerda, isso em geral significa que a pessoa rompeu o contato visual para ter um diálogo interno consigo mesma. Se os olhos baixam para a direita, ela está verificando o que sente em relação ao que vocês estão conversando. Na verdade, o músculo oblíquo superior que move o globo ocular para baixo é chamado em inglês de *pathetic muscle* — músculo patético, em uma tradução simples. Dizemos que alguém parece patético quando na verdade a pessoa está buscando dentro de si como ela se sente em relação a algo. Se você estiver falando com alguém e os olhos da pessoa se voltarem para baixo, então dê tempo para essa pessoa ponderar sobre o que vocês estão conversando. Quando for o momento de falar novamente, os olhos dela irão subir novamente ao encontro dos seus. Você pode aprender mais sobre como a linguagem corporal demonstra o que pensamos nos livros de PNL listados ao fim deste livro.

Preste atenção à sua intuição. Você pode não compreendê-la, mas não a descarte. Várias vezes ouvimos nossos amigos descreverem como foram enganados e então dizerem algo como: "Bem, parecia um pouco estranho naquela hora e não me senti muito bem com aquilo, mas não estava prestando muita atenção."

Perceba como seu parceiro ou parceira age com a família e os amigos e se as outras pessoas confiam neles. Se uma pessoa decepcionou outras no passado, ela pode muito bem fazer o mesmo com você.

Existem também alguns sinais de alerta que podem fazer você pensar duas vezes antes de confiar em alguém. Novamente, isso também se trata de generalizações. Eles não são necessariamente significativos, porém descobrimos que eles são indicadores bastante úteis.

Pense duas vezes antes de confiar se a outra pessoa for muito rígida. Isso pode significar que ela não se adapta facilmente e só pode ser confiável se as circunstâncias não mudarem.

A outra pessoa deixa você com medo? Ela faz você se sentir culpado por não confiar nela? Nenhuma dessas duas situações é uma base segura para a confiança.

Os relacionamentos românticos podem levar à traição e à mágoa, mas também podem levar você à diversão, ao afeto e ao amor. Acreditamos fundamentalmente que eles valem a pena.

Como você pode ser digno de confiança? Qual é o segredo de projetar a mensagem não-verbal correta? Seja honesto. Conheça seus limites. Decida o que você quer partilhar e partilhe. Diga ao seu companheiro ou companheira como se sente. Você não precisa dizer ao seu parceiro ou parceira tudo o que sente, mas tenha honestidade ao dizer o que decidiu partilhar. A pessoa pode muito bem intuir que você não está falando com sinceridade. Quando há honestidade, sua linguagem corporal irá encaixar-se com suas palavras.

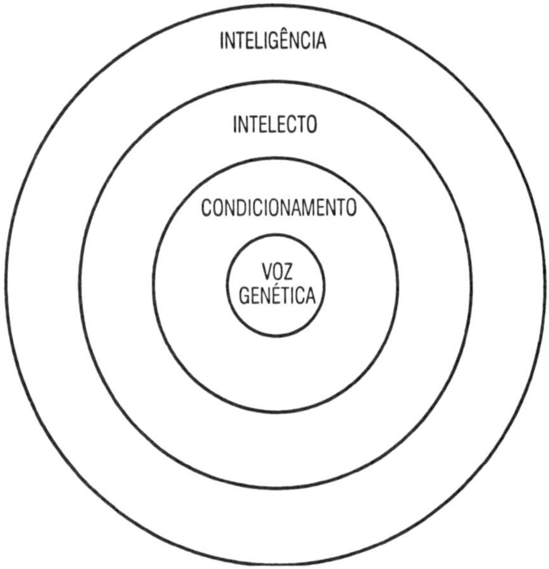

Equilibrando as vozes

EQUILIBRANDO AS VOZES EM UM RELACIONAMENTO

Quando as vozes estão em harmonia inteligente, você também será "harmonioso", as suas diferentes partes irão trabalhar juntas, fazendo uma linda tapeçaria na qual todas as cores combinam e não entram em desarmonia. A harmonia, assim como a confiança, não é uma questão de tudo ou nada; você pode ter mais ou menos harmonia. Este exercício irá explorar como você sabe quando está em harmonia para se comprometer em um relacionamento com alguém e quão harmonioso você se sente. O tamanho da harmonia que sentir irá lhe dizer o quanto você confia na outra pessoa.

Primeiro, pense em uma situação (em um relacionamento se você preferir, mas não necessariamente), na qual você teve absoluta certeza de que o que estava fazendo era a coisa certa para você. Você poderia estar se superando em alguma atividade, apenas se divertindo ou imerso totalmente onde gostaria de estar.

Recrie a cena você mesmo, feche os olhos se necessário e torne a imagem a mais realista possível. Volte àquela cena. Reveja-a através dos seus próprios olhos.

Depois, certifique-se de que você se afastou dela, passe a se ver na situação, ou a observe de uma perspectiva diferente da que teve na época.

Agora, recrie todos os sons associados à cena. Ouça o barulho de fundo, as outras vozes, o que a sua voz interior está dizendo, qualquer música que possa estar tocando e qualquer outro som que seja relevante.

Recrie qualquer gosto ou cheiro.

Neste momento, quais são as suas sensações ao fazer isso?

Repita isso e duas outras situações nas quais você se sentiu em completa harmonia em relação ao que estava fazendo ou à decisão que estava tomando.

Agora você pode observar os três casos.

O que estava presente nos três?

O que precisou estar lá, em você, para que houvesse harmonia?

Pode ter sido um tipo específico de sensação, difícil de classificar. Pode ter sido uma qualidade particular da imagem ou do som. Pode ter sido uma certa qualidade do seu tom de voz quando você disse qualquer coisa a si mesmo.

Agora tente de maneira consciente fabricar exatamente o mesmo sinal. Se você for capaz de fazer isso, então o sinal não é confiável. Para ser confiável, ele precisa ser uma expressão honesta; você precisa ser capaz de dizer a diferença entre quando ele é real e quando você está fazendo com que ele aconteça. Se você pode fingi-lo conscientemente e recriá-lo apenas com a sua vontade, sem notar a diferença, então olhe em outra parte dessas experiências para algo que você não pode fabricar de modo consciente. Pode ser difícil de descrever, mas ficará claro para você.

Este é o sinal de que você está em harmonia com o que está fazendo. Deixe que isso seja seu amigo. Perceba quando ele está lá. Será muito mais fácil perceber e prestar atenção agora que você o conhece. É como se ele fosse um conselheiro de confiança. Harmonia é o sinal da inteligência emocional. Também é o sinal da confiança.

Você também pode ficar familiarizado com seu sinal por incoerência da mesma maneira. Incoerência é quando as vozes não estão em harmonia, quando há uma nota errada em algum lugar, quando a imagem não parece muito correta, quando você ainda não confia na outra pessoa.

Pegue três exemplos de momentos em que você teve dúvidas com relação a escolher um caminho, quando algo não estava certo, e faça o mesmo procedimento.

O que há nos três casos?

Um sentimento?
Um tom de voz?
Uma qualidade da imagem?

Essa sensação de incoerência pode ser sua amiga, impedindo você de tomar decisões precipitadas das quais pode vir a se arrepender. Com muita freqüência, sabemos que somos incoerentes, mas uma de nossas vozes nos persuade a seguir em frente contra nosso melhor julgamento — um triunfo da criação ilusória de fatos sobre a realidade.

Se você é incoerente, então o próximo passo é pensar no que precisa descobrir para ser harmonioso.

O que você precisa fazer?
Que informação precisa descobrir?

Esses sinais não significam que tudo acontece para o bem. Quando você é harmonioso, pode se comprometer, pode dar o melhor de si à situação. Porém a situação pode mudar – uma vez que harmonia nem sempre significa harmonia.

O valor da verificação de harmonia é que ela traz à tona todos os seus recursos, não apenas o seu intelecto, condicionamento e instinto biológico, mas também seus recursos inconscientes. Você não pode fingir e isso não está sob o seu controle; portanto, você tem menos chance de se enganar, de confundir o que deseja que aconteça com o que teme acontecer.

Agora pense em um parceiro ou parceira do passado e perceba que sinal é despertado por essa lembrança.

Você teve harmonia?
Você se comprometeu?
Você confiou na pessoa?

Imagine-se estando novamente com essa pessoa e perceba algum sinal interior. Pode muito bem ser um sinal que era evidente na época e você escolheu ignorar.

Se você estiver em um relacionamento agora, faça o mesmo teste.

Agora, escolha um relacionamento no qual você obteve um sinal negativo. Você precisa descobrir o que tornou você incoerente. Talvez algo que tenha feito você infeliz ou que estivesse faltando.

Para descobrir, primeiro lembre-se de um período quando a voz genética estava à frente, quando a atração biológica era o mais im portante.

Permita-se entrar completamente naquele estado de espírito à medida que cria as imagens, os sons e sentimentos que representam sua voz genética.

Quando você estiver inteiramente nesse estado de espírito, pense na pessoa novamente e note seus sinais de harmonia e incoerência.

Esse sinal é mais manifestado do que quando você pensou na pessoa de modo geral?
Isso realça que mudanças precisam ser feitas no nível da atração física ou o problema está em outro lugar?

Agora faça o mesmo exercício usando a voz condicionada. Recrie esse estado de espírito usando um período no passado que traga à tona o que você viu, ouviu e sentiu. Novamente, perceba sua sensação do que está certo e do que está errado.
E, se há algo errado, note o que possa ser.

Existe uma crença que essa pessoa possui com a qual você não concorda ou não consegue conviver?
Essa crença está forçando você a um papel que você não quer?
Você pode descobrir que a diferença é algo que pode ser discutido e resolvido agora que foi identificado.

Finalmente, entre no estado de espírito e psicológico que representa o seu eu mais lógico. Personifique o bom senso e olhe para a outra pessoa. Com a informação que obteve das outras duas vozes você pode confiar no que seus sentidos e sinais disserem para considerar certo e errado para você nesse relacionamento. Sua inteligência dirá a você o que é necessário para fazê-lo feliz.

Você pode aplicar essas idéias em qualquer parte do seu relacionamento. Eu (Robin) comprei recentemente uma casa com a minha esposa. Quando decidimos nos mudar, nos sentamos com um mapa do país e escolhemos algumas áreas que pensamos ser apropriadas. Eram áreas que atendiam nosso critério pela acessibilidade para o trabalho, amigos e família, pela viabilidade de áreas desocupadas e do mar, pela qualidade das escolas e pelo preço da propriedade. Esse processo foi dominado pelo nosso intelecto.

Depois passamos alguns fins de semana nas áreas escolhidas para vermos como nos sentíamos. Este era um processo para percebermos nossos sinais internos com relação à familiaridade, o modo como nos encaixaríamos nessa comunidade, se as pessoas pareciam felizes e o quanto nos sentíamos "em casa". As comunidades e as áreas mostram uma aura de crenças e valores partilhados que sejam dominantes. As pessoas que se sentiam atraídas em viver no interior tinham conjuntos de valores e crenças diferentes daquelas pessoas que viviam em Cornwall, e uma percepção muito diferente de quem elas eram.

Após escolhermos a área por meio da nossa voz condicionada, trouxemos então nosso intelecto de volta quando começamos a falar sobre o que poderíamos gastar, que características a nova casa precisaria ter para nós, onde ela deveria estar localizada em relação ao conforto, sua acessibilidade e quanto de manutenção seria necessário.

Nós então visitamos algumas propriedades. Ao chegar em cada uma delas, eu sabia imediatamente se havia algo de errado. Eu sabia assim que a casa "olhava de volta para mim" se havia ou não ecos do passado e familiaridade que me atraíssem para ela. Minha esposa teve mensagens internas semelhantes (apesar de não serem idênticas).

Depois entramos em algumas casas. Foi nesse momento que minha voz genética e a condicionada começaram a lutar uma com a outra. Embora eu não soubesse naquele momento, minha intuição básica foi pesquisar o território que a casa ocupava para verificar sua segurança, algo que era importante já que tínhamos crianças pequenas. Era muito visível? Era exposta? Era segura? Esses critérios guiaram a percepção da voz condicionada com relação ao conforto. Minha esposa estava verificando o jardim para ver se era seguro para as crianças brincarem. A cozinha era limpa? O banheiro era higiênico? Os quartos eram próximos para o caso de algum problema ocorrer durante a noite?

Depois de reunirmos essas informações, nós saímos e nossa inteligência retornou à discussão. Nos certificamos de que nossas vozes genéticas e nosso condicionamento fossem levados em consideração uma vez que havíamos encontrado uma propriedade que se encaixava nos critérios estabelecidos pelo nosso bom senso. Houve momentos em que as outras vozes interrompiam e apresentavam suas objeções: "Sim, eu sei que é perto da avenida principal, mas me pareceu tão confortável" ou "Eu sei que é longe da escola, mas pense no que poderíamos fazer com aquele jardim". Em relacionamentos, a voz intelectual é mais bem utilizada para compreender e acomodar as outras duas e para olhar de maneira fria e calculada o que provavelmente irá acontecer. A voz intelectual é boa para trabalharmos as conseqüências de algo. Quando a emoção e a lógica entram em conflito, a emoção geralmente prevalece. O intelecto precisa informar a emoção, e não passar por cima dela, e ele deve ter a chance de falar em cada relacionamento que você começar.

Eu (Robin) e minha esposa incumbimos nossas vozes intelectuais de se encontrarem uma vez por mês para uma espécie de reunião de negócios. Temos uma agenda que trata da casa, das crianças, do tempo que passamos juntos, de resultados obtidos, de planos e objetivos e de nossas finanças, e que tem muito espaço para outros negócios. Ela pode ser um pouco enxuta em alguns momentos, mas nos mantém em contato um com o outro. Sabemos onde estamos e isso ajuda a nos sentirmos mais próximos.

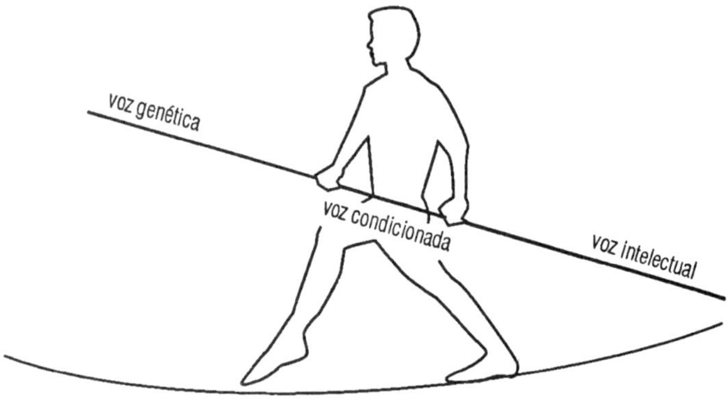

Harmonia inteligente

Capítulo 5

O relacionamento que você deseja

O QUE VOCÊ DESEJA?

• Esta é a pergunta que mantém você na busca de um bom relacionamento ou na tentativa de melhorar o que você tem no momento. Seja qual for o nosso relacionamento, nós sempre podemos imaginá-lo ainda melhor. Todos nós acordamos de manhã com algum objetivo; contudo, qualquer que seja esse objetivo, ele não é "Como eu posso ter um dia realmente infeliz hoje?".

Você pode não ter certeza do que quer exatamente em um relacionamento. Você pode ter uma vaga sensação de insatisfação com relação à vida. Talvez você não tenha um companheiro ou companheira e queira alguém. Talvez você enxergue outras pessoas em relacionamentos felizes e se pergunte como elas conseguem. Talvez você e seu parceiro ou parceira tenham sido pegos em um círculo de culpa e frustração um com o outro. Ambos esqueceram ou tomam por certa a mágica que certa vez os uniu. Você quer algo, algo melhor do que você tem no momento.

Quando você está em um relacionamento, objetivos em comum são importantes. As pessoas podem viver juntas durante anos sem perceberem que querem coisas diferentes dentro de um relacionamento. Nós tomamos por certas essas escolhas e direcionamentos de vida e ficamos preocupados com objetivos menores como para onde ir nas férias — algo que freqüentemente reflete a grande diferença nos objetivos de duas pessoas e no que elas querem da vida e de seus relacionamentos.

As férias são um exemplo perfeito de valores e crenças em ação que podem levar ao desacordo e à discórdia entre o casal. Todos nós queremos férias, queremos ir a um lugar diferente, fazer algo diferente. Uma coisa que todas as férias têm em comum é que elas levam você para fora da sua vida normal. Mas para onde? As férias estão no topo da tabela de estresse e muitas pessoas se arrastam de volta exaustas desse período que elas tanto aguardaram, agradecidas por estarem de volta à vida "normal".

Achamos que o teste de compatibilidade mais avançado para um casal é primeiramente concordar em onde passar as férias, depois sair de férias juntos, se divertir e, finalmente, ambos ficarem felizes de ter ido. As férias são a melhor área para testarmos as crenças e valores de nosso parceiro ou parceira. Por exemplo, um dos dois quer férias relaxantes na praia. Deitar ao sol e ser servido é a sua idéia de céu. O outro ficaria entediado fazendo isso. Talvez essa pessoa preferisse uma viagem aventureira em um safári. O modo como vocês dois tomam as decisões irá dizer muito sobre seu estilo de comunicação e flexibilidade. Conhecemos casais que resolvem seus problemas recorrentes de várias maneiras. Em um dos casos o marido decide em um ano e a mulher no ano seguinte. Em outro, ela decide, ele concorda. Um terceiro casal briga todo ano por causa disso e chega a um acordo que não satisfaz nenhuma das duas partes. Um quarto casal sai de férias cada um para um lado (eles não têm filhos). Essas escolhas ressaltam como essas pessoas decidem questões cotidianas em seus relacionamentos.

O que você quer em um relacionamento? Algumas vezes somos relutantes em pensar sobre relacionamentos e coisas do coração, como se isso precisasse ser completamente espontâneo e ter algum tipo de objetivo fosse trapacear. Em relação a isso, nós respondemos: tudo o que você faz tem por fim um objetivo — mesmo sentar ou permanecer onde está para ler este livro e os pequenos movimentos do seu corpo enquanto lê. Todos eles alcançam alguma coisa. Em alguns instantes, você irá colocar o livro em algum lugar e ir fazer outra coisa; em outras palavras, tentar alcançar o que você quer a seguir. Sempre agimos com algum propósito, não temos como evitar isso. Quanto mais claro você for com relação a isso, maior será sua chance de ser bem-sucedido. Caso contrário, você pode apenas dizer: "Na verdade, eu não me importo com o relacionamento que tenho, não me importo com que tipo de parceiro ou parceira eu vou acabar, para mim são todos iguais." Mas nós não fazemos isso. Queremos satisfação. Nós não vamos de propósito a um encontro horrível esperando que dê errado.

Algumas vezes as pessoas são relutantes para estabelecer objetivos em seus próprios relacionamentos porque isso parece desafiar o destino. Essas pessoas acreditam que quando elas estabelecem o que desejam, então o mundo as impede de conseguir aquilo, como um padrasto mau que sente prazer em frustrá-las. Temos um amigo que evita qualquer tipo de planejamento de objetivos por essa razão. Seus pais o recompensavam por prudência, polidez e ausência de vontades. Quando ele queria muito alguma coisa quando era criança, seus pais não davam aquilo para ele. "Querer não é ter" era o mantra deles. Não é de espantar que ele evite estabelecer objetivos.

Os objetivos *fazem parte* dos relacionamentos, primeiro como um modo de deixar claro o que vocês querem na qualidade de indivíduos, segundo como uma maneira de deixar claro o que vocês esperam como casal e terceiro como um modo de resolver problemas, onde estabelecer um objetivo é apontar a saída para uma situação ruim.

O que você deseja em um relacionamento?

Aqui existem algumas diretrizes. A primeira é se certificar de que você pensa positivamente — o que você deseja e não o que você não deseja. Quando perguntamos a uma conhecida nossa o que ela queria em um relacionamento, ela disse: "Eu não quero alguém como meu último namorado, aquele idiota insensível e arrogante. Não sei o que eu vi nele." Ela estava certa do que não queria, mas isso não a ajudou a conseguir o que queria. Não achamos que ela tenha escolhido o último namorado dizendo a si mesma: "Eis aqui um idiota insensível e arrogante. Acho que vou sair com ele e ter uma noite horrível. Eu tenho me divertido demais ultimamente." Se ela não for realmente clara sobre o que deseja, pode se deparar novamente com outro parceiro igualmente inadequado, mas de uma maneira diferente.

É isso o que acontece quando alguém pula para outro parceiro ou parceira após o término de um relacionamento. Essa pessoa freqüentemente escolhe alguém que é o mais diferente possível do seu último companheiro ou companheira. Infelizmente, esta nova companhia terá todos os vícios opostos. Quando você escolhe alguém após ter terminado um relacionamento, você está sujeito a adquirir uma série de maus hábitos, mas nada perto do que você realmente queria. Então, certifique-se de pensar sobre o que você deseja, e não sobre o que você quer evitar. Existem tantas companhias inadequadas no mundo quanto adequadas, e para especificar o que você não quer em detalhes levaria tempo demais. A vida é muito curta para encontrarmos um relacionamento exclusivamente na base da tentativa e do erro. Portanto, se você se vir descrevendo o tipo de relacionamento que não deseja, pergunte a si mesmo: "Se eu não tenho isso, o que eu quero em vez disso?" ou "Se eu não cometer o mesmo erro de novo, o que eu devo fazer?".

Pensar positivamente não é um otimismo utópico, embora o otimismo seja tão realista quanto o pessimismo. Com o futuro ainda não formado, o que você faz agora é o que conta. Tendemos a seguir na direção em que pensamos. Somos levados por essa direção e geralmente chegamos aonde queremos. Pergunte a qualquer jogador de tênis o que acontece se ele sussurrar para si mesmo em um ponto decisivo: "Eu não posso acertar a rede agora." No que ele está pensando? Em acertar a bola na rede. Que imagem está na mente dele? A da bola indo para a rede. E o que freqüentemente acontece? O cérebro esquece o "não" e apenas ouve "acertar... rede" e depois o jogador culpa sua habilidade. Não foi sua habilidade que falhou, mas seu modo de pensar.

Estamos à mercê de uma corrente de negações desde a infância. "Não faça isso...", "Não faça aquilo...", "Não toque nisso...". Existem estudos que sugerem que nas culturas européias ocidentais uma criança ouve nove comandos negativos para cada positivo. Então crescemos acostumados a saber o que não fazer, mas sem a menor idéia do que se deve fazer. Isso também significa que a voz condicionada é feita em grande parte de negativas, o que explica a razão de isso algumas vezes ser indevidamente opressivo. Não somos ensinados a sermos bons cidadãos, mas nos ensinam a não sermos cidadãos ruins.

A segunda pergunta a ser feita sobre seus objetivos é: "Como vou saber que estou obtendo o que desejo?" Evidência positiva é a melhor maneira.

Nunca pode haver uma certeza definitiva de que você tem o relacionamento dos seus sonhos, porque as duas pessoas mudam, então você precisa continuar trabalhando. Todos os dias você precisa criar o relacionamento que deseja sobre o que você já possui. Se você cria um bom relacionamento, não se perde dentro dele e adormece. Contudo, haverá alguns sinais ao longo do caminho que farão com que você saiba que está indo na direção certa.

Exemplos de evidência positiva podem ser:

"Eu vou me sentir ótimo depois de estar com ele, ele será atencioso e irá ouvir o que eu tenho a dizer."
"Ela vai se preocupar com a aparência."
"Ele será um amante fantástico."

Você também pode ter algumas negativas, por exemplo:

"Eu não vou ficar ao lado do telefone a noite toda esperando ela me ligar."
"Eu não vou ficar pagando todas as refeições."
"Não terei de me desculpar depois para os meus amigos em nome dele."

Depois, você precisa pensar nas qualidades que possui que irão ajudá-lo a obter o relacionamento que deseja:

Você tem dinheiro o suficiente para ir aos lugares que quer?
Você tem uma ampla rede de amigos?
Você tem algum modelo de vida? Talvez tenha algum amigo ou amiga sua bem-sucedida do modo como você gostaria de ser. Como essa pessoa chegou até lá?

Não estamos falando sobre copiar as pessoas. Pode haver pequenas ações que essa pessoa faça que você possa copiar, mas geralmente o sucesso no relacionamento é mais sobre o tipo de qualidades que você tem e as crenças que possui sobre si mesmo, o mundo e o sexo oposto.

Nós já olhamos crenças e valores detalhadamente. Há uma crença estranha que é bastante comum para os homens — a de que pedir ajuda ou até mesmo admitir a necessidade de qualquer ajuda ou conselho para criar um bom relacionamento os torna um fracasso. Existem homens que prefeririam ser arrastados nus pela rua a ter de admitir que eles podem não ser um presente divino para as mulheres e não saber tudo sobre o jogo dos encontros e dos relacionamentos. Eles prefeririam ser surpreendidos lendo a *Playboy* a ser surpreendidos lendo livros de auto-ajuda sobre relacionamentos. Essa crença pode vir como parte da voz condicionada, da família ou da escola. É uma crença de autodefesa porque excesso de confiança em si mesmo geralmente não sustenta um bom relacionamento — mas em vez disso pode ser útil para quem necessite de ajuda!

TEMPO E ATENÇÃO

Existem duas grandes fontes, que você já possui, das quais precisará para criar um ótimo relacionamento. Ambas estão completamente sob controle e todos as temos na mesma quantidade. São elas o tempo e a atenção.

Você está preparado para dedicar tempo a um relacionamento? Como isso se organiza no seu estilo de vida? Você dará à outra pessoa a atenção que ela merece?

A maioria dos relacionamentos deteriora e pode eventualmente fracassar não com um golpe violento, mas com uma lamúria — a pessoa murcha por causa da falta de tempo e de atenção, como uma flor maltratada, porque uma das pessoas, ou as duas, não dedica à outra tempo e atenção. A atenção é o que nos deixa vivos; ela desperta o melhor que temos a dar. Todos nós reconhecemos que ser um bom ouvinte é o que faz de alguém um bom conversador. Nos sentimos bem quando estamos próximos de pessoas assim, é por isso que essas pessoas são tão populares, não necessariamente porque elas têm sempre as respostas certas, mas porque elas fazem as pessoas com quem estão se sentirem valorizadas e bem consigo mesmas.

Qual é o tópico mais fascinante do mundo? Qual é o assunto mais imediato e importante do qual você nunca se cansa? Qual é o tópico sobre o qual você passa a maior parte da vida pensando, conversando e prestando atenção?

Você.

Você é o assunto mais importante para si mesmo. Então, qualquer um que preste atenção e ouça você automaticamente faz você se sentir bem. Essa pessoa está interessada no que é mais importante para você.

Como você presta atenção?

Existem duas maneiras — uma que você pode fazer e outra que você pode ser.

O que você pode fazer é igualar a pessoa em importantes questões — iguale o contato visual, iguale a altura para que vocês estejam no mesmo nível, então, por exemplo, não fique em pé enquanto a outra pessoa está sentada. Iguale a proximidade. Qual é a distância confortável? Iguale a voz para que você não fale muito mais rápido ou devagar do que a outra pessoa. Não tente igualar exatamente; é mais importante evitar uma má combinação com o outro e não deixar a pessoa se sentir desconfortável.

Levar adiante uma conversa com alguém que fala muito mais rápido ou mais alto que você, por exemplo, é desagradável. Também é estranho conversar com alguém que não responde ao nosso contato visual. Algumas pessoas gostam de muito contato visual e fazem muito isso. Outras são mais tímidas ou não fazem tanto isso. Contudo, quando as pessoas se tornam mais íntimas, elas tendem a fazer mais contato visual durante períodos mais longos.

Igualar tende a fazer as pessoas se sentirem mais à vontade umas com as outras. As pessoas tendem a gostar de outras que são como elas e o modo como avaliam isso é vendo se elas se sentem à vontade com os outros. A maioria das pessoas que se dão bem com outras iguala seus parceiros. Olhe à sua volta em restaurantes, parques, bares ou em qualquer outro lugar onde pessoas estejam conversando. Você será capaz de dizer quais pessoas estão à vontade apenas olhando se elas igualam a linguagem corporal uma da outra. Funciona como uma dança. Um bom dançarino complementa os movimentos da pessoa com quem está dançando; na verdade, é impossível dizer quem está guiando e quem está seguindo, e um bom relacionamento também possui essa qualidade. Parceiros de dança não exatamente imitam os movimentos um do outro porque dessa forma eles pisariam um no pé do outro. (Na realidade, se você quer deixar alguém muito desconfortável, tente imitar essa pessoa. Quando perceber, ela ficará muito incomodada.) Com respeito, no entanto, igualar é uma tentativa honesta de entender o mundo da outra pessoa sendo como ela de um modo muito reduzido.

Em conversas, todos nós igualamos as pessoas de alguma forma, e não estamos cientes disso. Quanto mais forte e profundo for o relacionamento, mais próxima é a combinação. Os amantes vão freqüentemente respirar em uníssono, de tão imersos se encontram um no outro. A simples combinação pode deixar vocês dois à vontade, mas é apenas o começo. Igualar e combinar são evidências de um bom relacionamento e, apesar de ajudar no início, se você fizer conscientemente, apenas isso não irá criar confiança ou harmonia. A confiança é criada com o tempo.

Igualar, ou nivelar, funciona para ajudar as pessoas a se sentirem à vontade. Desnivelar funciona se você deseja interromper uma conversa. Se você tem convidados que não querem ir embora, como você lida com a situação? Muitas pessoas dirão apenas que é hora de dormir. Outras irão interromper qualquer forma de acordo que tenha existido. Elas podem levantar-se, esticar-se e mudar o tom ou o volume da voz. Soubemos de um caso em que o marido se cansou da má combinação gentil que ele e sua esposa estavam fazendo. Não estava funcionando e seus convidados estavam iniciando uma nova conversa entediante. Ele pediu licença por um momento e foi até o quarto, onde colocou o seu pijama. Depois ele voltou à sala e sentou-se como se nada tivesse acontecido. Seus convidados foram embora quase que imediatamente e, por mais engraçado que pareça, sem mencionar a troca de roupas que ele havia feito. Achamos que eles entenderam a mensagem.

Pense em um momento quando você teve uma discussão com alguém próximo e vocês discordaram. Além disso, faça o momento ser um em que você estava determinado a não estar errado, a firmar sua posição ou a fazer a outra pessoa se sentir mal consigo mesma. Você estava deliberadamente tentando ser de algum modo diferente? Você estava mudando sua postura quando a outra tentava igualar a sua? Você mudou o tom da sua voz ou evitou contato visual? Você não pode fingir confiança imitando a postura corporal do outro, mas pode acabar com ela se constantemente se mostrar diferente dele.

Agora pense em um momento em que você se sentiu atraído por alguém a distância, em um bar ou em uma festa, mas quando começou a falar com a pessoa percebeu que não combinavam. Lembre-se de como você inconscientemente pode ter tentado se igualar à outra pessoa para construir confiança. Lembre-se de como você pode ter se mostrado diferente dessa pessoa para poder se afastar.

Poucas situações têm sua melhor solução ou são resolvidas por meio do desnivelamento, a não ser que você queira romper a comunicação. Eu (Joseph) algumas vezes ouço minha filha de 17 anos ao telefone. Ela pode falar durante um tempo enorme, mas eu sempre sei quando ela quer parar. Ela começa a falar mais rápido e um pouco mais alto. Dez segundos depois, ela diz algo do tipo: "Olha, eu preciso desligar agora..." Mostrar que não se identifica com o outro tem o seu lugar e pode ser útil.

Além de igualar-se, outra maneira muito mais poderosa de dar atenção à outra pessoa é mostrar-se intensamente interessado nela. Quando faz isso, você cria automaticamente uma aliança no melhor nível. Você desejará saber:

Como é a pessoa?
Que tipo de pessoa ela é?
Quais são os seus segredos?
O que ela já fez na vida?
Como ela tem esses pensamentos?
O que é importante para ela?

Imagine, se preferir, que essa outra pessoa já fez tudo o que você gostaria de fazer, sabe o que você quer saber e tem o segredo para fazer você feliz que só você pode descobrir. As pessoas só são entediantes se não cavarmos além dessas aparências superficiais. Ninguém é entediante, a pessoa apenas parece ser se ainda não encontrou ninguém que seja capaz de descobrir como ela é de verdade. Não existem pessoas enfadonhas, apenas ouvintes entediados.

O QUE IMPEDE VOCÊ?

Continuando com as perguntas para clarear seus objetivos, você precisa se perguntar o que o impede de ter o tipo de relacionamento que você deseja neste momento. Suponha para este exercício que toda barreira é algo que seu poder é capaz de superar. Algumas farão com que você reexamine suas crenças. Outras podem envolver aprender novas habilidades. Certifique-se de que toda dificuldade seja colocada de uma maneira que *você* possa ter influência, isso não significa que você é uma pessoa fraca ou que deva ser culpada. A menos que você coloque barreiras nesses termos, eles não serão superados.

Por exemplo, você pode ter a seguinte dificuldade: "Ninguém quer conversar comigo em festas." Se isso fosse literalmente verdade, então isso seria o fim do problema. Sua vida romântica teria terminado antes mesmo de começar. Para nossa sorte, isso não pode ser literalmente verdade. É uma generalização. Segundo, é leitura de mente. Para fazer algo com relação a essa questão, você precisa transformar isso em algo que você possa influenciar. Retire qualquer referência ao que as outras pessoas querem ou que você é forçado a fazer. Apenas reformule a dificuldade em termos do que acontece.

Você pode mudar primeiramente para: "Quando estou em festas, as pessoas não conversam comigo."

Depois mude isso para algo que seja sobre você, para que você então possa fazer alguma coisa: "Eu torno difícil para as pessoas se aproximarem de mim."

Agora você é capaz de mudar e pode começar a ver por que isso acontece e o que você pode fazer em relação a isso. Lembre-se, isso *não* torna você culpado. Somente coloca a situação de modo que ela fique sob *seu* controle.

Quando você pensa nos problemas dessa maneira, pode transformá-los em objetivos futuros, trate-os como crenças e decida se eles são realmente as barreiras que parecem ser.

O exercício a seguir segue deste ponto.

Olhe as conseqüências mais amplas do que você quer.

O que mudaria na sua vida se você conseguisse o que deseja?
O que você teria de fazer que não faz agora?

Quem mais poderia ser afetado?

Pense em que vantagem existe na situação atual. Apesar de insatisfatória, há sempre alguma vantagem, caso contrário você já teria mudado isso. Algumas vezes resistimos às mudanças por causa do medo do desconhecido. Pense sobre o que você perderia se conseguisse o que deseja. Como você pode manter as vantagens da situação atual?

Por último, este objetivo se encaixa com sua nova percepção de *self*? Isso parece certo para você?

Modificando as outras pessoas

Cuidado ao tentar mudar seu parceiro ou parceira. Muitas pessoas enxergam os problemas dos outros e esquecem que qualquer problema de relacionamento é um problema partilhado. Isso nos lembra de uma piada sobre um piloto experiente que treinava um novo co-piloto em um avião pouco familiar para ele. A 20 mil pés eles de repente ouviram um som horrível e um dos motores começou a desintegrar-se. Como se isso não fosse o bastante, eles viram uma das rodas do trem de pouso cair. O piloto lutava para ter o controle do avião enquanto este começou a sacudir violentamente.

— Cara, *você* está com problemas! — disse o novo co-piloto.

A maioria de nós sabe que mudança é quase impossível sem o desejo de mudar. Contudo, deve haver alguma razão em fazer a seguinte pergunta. "O que você pode fazer para a pessoa *querer* fazer essa mudança?" Com certa freqüência, tentamos persuadir as pessoas a mudarem, esquecendo que o argumento racional não é completamente motivador. Pouquíssimas pessoas irão dizer: "É, você está completamente certo. Eu percebo que tenho estado errado e vou mudar. Diga como eu faço isso." A lógica nunca convence ninguém, a não ser que existam duas condições. A primeira é que todos concordem em aceitar as regras da lógica. A segunda é que nenhuma emoção esteja envolvida. Quantas vezes essas condições ocorrem em relacionamentos pessoais? Nunca. Os homens particularmente superestimam o poder da razão e da lógica. Não é que o emocional seja exagerado, ele apenas não obedece às mesmas leis. Ele não joga o mesmo jogo.

A maneira de lidar com a mudança de outra pessoa é fazer com que ela realmente queira mudar, que se sinta feliz por fazer isso e que esteja de acordo com *seus* valores. Isso pode ser traiçoeiro. E as pessoas que vivem dizendo que vão mudar mas nunca mudam? Você tem várias escolhas. Você pode aceitá-las como elas são se isso se encaixar com seus valores. Você pode deixar a pessoa se o que ela faz é ruim demais para você permitir. Geralmente, no entanto, a situação na qual a pessoa diz que irá mudar mas não muda significa duas coisas. Primeiro, ela concorda para acalmar você e, segundo, ela está mais feliz com a situação atual — esta tem uma vantagem da qual ela não quer desistir. Resmungar não ajuda, especialmente com aquele tipo de pessoa (freqüentemente homens) que não gosta de se sentir pressionada a mudar. Tudo o que você pode fazer é deixar bem claro o que importa para você e tentar descobrir o que há na situação atual que faz a pessoa se manter atraída a ela. Se vocês dois puderem encontrar um outro caminho que mantenha essa vantagem de outra forma, então essa pessoa irá mudar. Caso contrário, apóie e reforce qualquer mudança que aconteça — mesmo a menor delas. Algumas vezes "negociar" mudanças funciona — troque uma mudança que a pessoa quer em você por outra que você deseja nela.

CULPA

Estabelecer objetivos é muito útil também na resolução de problemas, porque um objetivo é "o que você quer mudar". Quando está ciente do que é isso, você tem uma saída para o problema.

De certa forma, temos problemas o tempo todo quando não temos o que queremos ter, mas eles são apenas notados quando nossa insatisfação alcança um determinado nível crítico. Então nós queremos mudar.

Assim como a dor física, as pessoas têm diferentes limites. Uma pessoa irá fugir de um relacionamento no momento em que tiver a menor dica de que a outra pessoa está tomando as decisões por ela ou dizendo o que ela tem de fazer. Outras estarão felizes vivendo sob as decisões do companheiro ou companheira, deixando a outra pessoa guiar a sua vida.

Com um problema de relacionamento, precisamos nos concentrar em outra pessoa, e nós tendemos a não pensar em termos de objetivos, mas de culpa. Nos concentramos não no que queremos, mas no que está errado e em quem tem a culpa.

Muitas pessoas passam por um ciclo dentro de um relacionamento:

Primeiro a pessoa aproveita o companheiro ou companheira, tem prazer e agradece às estrelas por ter aquela pessoa.
Depois ela se acomoda em uma aceitação confortável do relacionamento. A alegria inicial se desgastou. Ela já não presta mais tanta atenção em manter aquele prazer, mas se acostuma com ele. Ela não sabe outra maneira de fazer aquilo.
Então, até mesmo isso enfraquece e deixa a pessoa insatisfeita. Ela não sabe como recapturar a alegria do início e nem como criar uma nova.
Depois ela alcança o limite em que a situação se torna intolerável e elas resolvem fazer algo com relação a isso. Nesse momento, a culpa entra em cena com toda intensidade.

Na maioria das vezes, nossa cultura se concentra no que está errado; é remediar, e não prevenir. Existem muito mais conselheiros e terapeutas para ajudar casais infelizes do que agências que ensinam as pessoas a viverem felizes juntas. Tanto o aconselhamento quanto a medicina tendem a tornar bom o que ficou ruim. A prevenção ainda vem como uma pobre segunda correção do que já deu errado. Nos perguntamos como seria um sistema de saúde se ele fosse baseado no modelo da China antiga. Lá, os médicos eram pagos apenas se seus pacientes permanecessem bem. Quando os pacientes ficavam doentes, os médicos não eram pagos até que os pacientes melhorassem. Isso é muito mais motivador do que nosso sistema atual, no qual a profissão médica recebe mais dinheiro e cada vez mais as pessoas ficam doentes. Talvez os conselheiros de relacionamento devessem apenas ser pagos se as pessoas que eles atendem tivessem relacionamentos felizes.

Os casais tendem a conversar mais quando há um rompimento ou um problema a resolver. As preocupações são freqüentemente distribuídas em culpas, desabafam a raiva e atolam nas conseqüências negativas do ocorrido. As discussões se desenrolam como partidas de tênis — jogando a culpa um para o outro. Um casal que conhecemos levava a vida a dois como se fosse uma competição. Eles contavam pontos de culpa contra o outro, o que mais tarde poderia ser descontado como um erro grátis. O equilíbrio de poder passava de um lado a outro, dependendo de quem estava mais em dívida com o outro por ter falhado mais vezes ou cometido os erros mais sérios. Eles tinham um sistema de marcação de pontos sofisticado que nunca foi discutido, mas ambos pareciam partilhar e eram guiados por ele.

A sombra da culpa

Eis aqui um pequeno exercício para obtermos uma percepção do que a culpa pode fazer a você. Pense em algo que deu errado entre você e seu parceiro ou parceira. Pegue algo que tenha pouca significação. Você pode pegar outras coisas mais sérias depois.

Aqui estão seis perguntas a que você deve responder que admitem que alguém deva ser culpado. Certifique-se de fazer essas perguntas em um tom de acusação como um advogado em um tribunal.

Qual é exatamente o seu problema?
E há quanto tempo isso é um problema para você?
Quem ou o que você está culpando por isso?

Qual é a gravidade?
Como isso faz você se sentir?
Por que você ainda não resolveu isso?

Essas perguntas provavelmente farão você se sentir desconfortável e não ajudarão a resolver o problema. A culpa é com muita freqüência um círculo vicioso. Os casais têm discussões que essencialmente dão voltas e voltas:

— A culpa é sua...
— Não é, é sua...
— Mas se você não tivesse feito isso...
— Mas eu nunca teria feito isso se você não tivesse...

Nada é resolvido. Não é de se espantar que depois de um tempo eles desistam e sofram em silêncio. Em vez de resolver as diferenças, esse tipo de conversa apenas tenta estabelecer quem tem a culpa.

Você provavelmente já notou o quanto seria fácil expandir as seis perguntas para ver a quem se deve atribuir a culpa. Agora, liberte-se de qualquer sentimento ruim que isso possa ter criado e pense no mesmo problema novamente, mas usando as seguintes perguntas:

O que eu faço então?
Como me sentirei quando tiver aquilo?
O que mais irá melhorar quando aquilo acontecer?
De todos os recursos que tenho, quais serão particularmente úteis e me ajudarão a resolver este problema? Quando eu obtive sucesso com algo assim antes?
Qual é o primeiro passo a dar para mudar a situação da maneira como eu quero?

Essas são perguntas mais poderosas, elas se concentram na mudança, no que você quer, e fazem você se sentir melhor e mais motivado para resolver o problema. Elas são o tipo de perguntas a serem feitas quando você tiver um problema (isto é, alguma situação que você não deseja) e quando quiser ajudar seu parceiro ou parceira a lidar com os problemas deles quando vocês conversarem sobre esses problemas juntos.

Você também pode olhar os problemas que vocês têm juntos, simplesmente substituindo "eu" por "nós":

O que nós queremos?
Como nos sentiremos quando nós alcançarmos isso?
O que mais irá melhorar quando isso acontecer?
Que recursos nós temos que nos ajudam a conseguir o que queremos?
Quando nós fomos bem-sucedidos ao resolvermos algo assim antes?
Que passos práticos nós podemos dar agora que nos irão ajudar a ir em direção ao que desejamos?

A culpa joga você contra a outra pessoa. Essas perguntas colocam vocês juntos em busca de uma solução.

Seus objetivos como casal são importantes também. Ter objetivos e planos em conjunto e ajudar um ao outro a alcançar objetivos individuais ou pessoais ajudam os relacionamentos a darem certo. O trabalho em equipe é baseado em uma abordagem comum de metas partilhadas. Seja planejar as férias, comprar uma casa, começar uma família ou organizar um jantar; quanto mais envolvidas estiverem as duas partes, melhor será a relação entre elas.

Eu (Robin) conheci um casal cuja única área compatível era a decoração da casa. Eles escolhiam um aposento, concordavam sobre o sistema de cores, compravam a tinta e o papel, removiam a decoração antiga, preparavam tudo para a nova e faziam o trabalho juntos. Depois eles levavam as pessoas para verem o resultado e admirarem. Então, antes mesmo de as mãos se livrarem das tintas, eles escolhiam outro aposento e reiniciavam todo o processo. Eles ficavam tão felizes quanto uma pessoa pode ficar, até mesmo porque nunca falaram de outra coisa comigo que não fosse decoração. Era tudo de que eles precisavam.

Já foi dito (em sua maioria por homens) que atrás de um grande homem existe uma mulher. Seria melhor dizer que atrás de toda grande pessoa há provavelmente uma parceira ou parceiro incentivador. A maioria de nós se sente melhor quando alcança o que deseja alcançar. Isso faz maravilhas com a nossa auto-imagem e confiança.

Quando um companheiro ou companheira nos ajuda a alcançar o que desejamos, isso aumenta nosso laço com essa pessoa, por causa do seu apoio. Contudo, o apoio deve ser mútuo. Se um parceiro ou parceira se torna uma ferramenta ou uma fonte de ajuda do outro e não recebe nada em retorno, então isso levará ao ressentimento.

Nós ouvimos um varejista muito conhecido ser entrevistado em um programa de rádio. Quando perguntaram a ele como a sua família se sentia com relação ao tempo que ele passava no trabalho e o esforço que eles precisavam fazer para dar-lhe apoio, ele inicialmente ficou em silêncio. Depois disse que fazia aquilo pela família. Eles queriam que o chefe da família fosse uma figura notória. "Enfim", ele acrescentou timidamente, "eu acho que eles querem."

O QUE NÓS QUEREMOS?

Quando você trabalha juntamente com seu parceiro ou parceira para obterem o que desejam na qualidade de casal, você pode usar as mesmas perguntas que usou anteriormente para trabalhar o que quiser. Com essas questões, uma conversa sobre o que você deseja não precisa ser o início de uma discussão! Essas perguntas irão deixar claro o que você deseja e, portanto, tornará tudo mais fácil de ser alcançado.

Pela ênfase que coloca em diferentes partes do processo, você pode planejar alcançar objetivos únicos, como comprar uma casa nova ou vislumbrar mudanças a longo prazo no seu relacionamento — como ter mais intimidade, se divertir mais ou passar mais tempo juntos. É um processo flexível que se beneficia da prática.

Eis aqui as perguntas para objetivos partilhados.

O que queremos?

Certifique-se de responder isso em termos positivos. Haverá muitas coisas que você não quer, mas pense no que você quer em vez disso. Se for para parar de discutir tão freqüentemente, então diga: "Nós gostaríamos de viver em um ambiente mais pacífico", para que sua mente não esteja constantemente criando imagens de discussões. Após você dividir a descrição do que deseja você pode então aumentar sua motivação olhando os benefícios que virão depois da mudança. Tudo o que você precisa fazer aqui é perguntar: "Quando conseguir, o que isso trará para nós?" A resposta pode ocorrer da seguinte forma:

"Nós gostaríamos de viver em um ambiente tranqüilo.
Isso nos permitirá relaxar mais e nos deixará mais descansados.
Isso tornará nossa casa um lugar melhor.
Isso irá ajudar na construção do nosso relacionamento.
Nos sentiremos mais felizes e aproveitaremos mais a vida."

Depois, como você irá saber que está alcançando o que deseja? O que irá mudar e como isso ocorrerá?

O melhor é ter uma descrição sensorial clara e específica da aparência, sensação, som, cheiro e gosto que o sucesso tenha. Você então irá saber exatamente que sinais e comportamentos buscar como evidência do sucesso. Ao ter essa descrição, você cria uma consciência do futuro desejado e o tornará mais real. Por exemplo, se seu objetivo é ser um pai melhor, então esse conceito irá permanecer vago e mal definido a menos que você possa afirmar especificamente que irá passar uma quantidade de tempo definida com seus filhos envolvendo-os em atividades específicas. Quando afirmar seu testemunho, descreva os resultados em termos de algo que você verá, ouvirá e sentirá e o que os outros verão, ouvirão e sentirão.

Depois disso, faça uma lista de seus recursos. Você tem os recursos necessários para ajudá-lo a conseguir o que os dois querem?

Isso irá incluir qualidades pessoais, posses, dinheiro e exemplos, conforme discutido anteriormente em relação a objetivos pessoais (*consulte a página 135*). Então, pense no que você terá de abrir mão para poder conseguir o que deseja.

Um casal com quem eu (Robin) trabalhei este processo estava prestes a receber uma grande indenização. Eles haviam decidido comprar e administrar um bar no interior. Isso era o sonho deles havia anos. Quando chegamos nesse estágio e perguntei se havia algo de que eles teriam de abrir mão para poder buscar seus objetivos, uma lista inteira de passatempos surgiu e precisava ser sacrificada nesse altar de conquistas. Eles não teriam mais tempo para jogar golfe, tênis, estar com seus muitos amigos ou com seus cachorros. Essa lista era muito extensa. Embora o bar fosse o sonho deles havia muitos anos, eles naquele momento perceberam que era muito pouco prático e que a perda de seus outros prazeres certamente teria trazido uma pressão maior para o seu relacionamento.

Lembre-se de que a situação atual tem vantagens que você pode perder, e nem sempre isso é tão óbvio. Um outro casal com quem eu trabalhei estava desesperado para que o homem ficasse mais espontâneo e amável. Ele tentou fazer com que seus braços saíssem do lado do seu corpo e abraçassem sua esposa, mas eles não se moviam. Ele tentou olhar nos olhos dela e sorrir, mas não conseguiu. Ele havia começado a ver do que teria de abrir mão para se tornar mais amável e finalmente descobriu esse desejo de ser como seu pai, que demonstrava ainda menos os sentimentos. Ser espontâneo para esse homem significava negar o amor que sentia pelo pai. Não copiar o comportamento do pai, na visão de mundo do filho, significava que ele estava criticando o pai e rejeitando o seu amor. O que pudemos fazer foi discutir logicamente outras maneiras nas quais o filho poderia ser honesto com o pai. Somente então fomos capazes de incorporar essas maneiras em um novo comportamento. Depois disso, ele se sentiu livre para demonstrar afeto à sua esposa.

Agora pergunte: "O nosso objetivo parece certo para nós individualmente e juntos?"

Qualquer oscilação aqui indica que você precisa rever seu objetivo de alguma maneira, porque você não está totalmente comprometido. Uma parte de você pode estar, mas outra pode não estar.

Então, você precisa planejar e pensar no que pode fazer diretamente para alcançar o que deseja.

Os objetivos geralmente não caem no seu colo sem nenhum esforço. Buscar um objetivo sobre o qual você tem pouco controle não é apenas decepcionante, mas pode levar a uma resignação precipitada. Identifique os obstáculos e inicie o processo utilizando objetivos menores e de fácil alcance, sobre os quais você tem total controle e influência para estabelecer um padrão vencedor.

Existem duas maneiras de você abordar esses objetivos compartilhados. Algumas pessoas preferem começar de onde estão e planejar a trajetória até o objetivo. Outras gostam de trabalhar do modo contrário. Se você é do tipo de pessoa que planeja para o futuro, uma pergunta útil a ser feita a si mesma é: "O que está impedindo você?" Por exemplo, se o seu objetivo é comprar uma casa maior e você faz a pergunta "O que está impedindo você?", sua resposta pode ser: "Nós não sabemos onde queremos morar." Conseqüentemente, escolher onde morar seria o primeiro passo no seu planejamento. Se então você perguntar: "Quando escolhermos o lugar, o que nos impede de comprar uma casa maior?", a resposta para isso será o próximo passo do seu plano.

Se você prefere planejar de maneira invertida, seu processo de questionamento deve começar com as seguintes palavras: "O que viria imediatamente antes de...?" Com o objetivo de comprar uma casa maior, o que viria imediatamente antes da mudança seria a organização da mudança. E o que viria imediatamente antes disso seria assinar o contrato, etc.

Um dos perigos de trabalhar seus objetivos consiste no fato de que seus objetivos pessoais podem entrar em rota de colisão com os partilhados. Contudo, eles não precisam ser excludentes, e é importante você ser honesto sobre como os seus objetivos partilhados se encaixam com seus próprios planos. Quando trabalha seus objetivos pessoais, você precisa estar ciente disso e considerar como a outra pessoa será afetada. Os objetivos partilhados devem vir antes dos pessoais, porque há dois de você concordando com eles.

Existem dois perigos aqui. Um é: se seu relacionamento assumir um papel de segundo plano em comparação com seus próprios desejos, necessidades e vontades, a outra pessoa pode acabar se sentindo como um acessório. O segundo perigo é quando você perde sua própria identidade no relacionamento e faz tudo junto com a outra pessoa, concorda com tudo e não tem nenhuma vida além da que vocês têm juntos, mas formam um tipo de personalidade fundida.

Um bom relacionamento é aquele em que as pessoas são próximas o bastante para dar um ao outro o espaço de que precisam. E quando você dá espaço à outra pessoa, também cria algum para si mesmo. Ambos precisam de equilíbrio. Não existem regras fixas para se ter um bom relacionamento, as regras mudam no momento em que você acha que as entendeu. Mas estar em um bom relacionamento deve tornar você uma pessoa melhor; deve lhe permitir se expressar mais completamente, não menos. Se você abre mão de muito em favor da outra pessoa, é provável que fique arrependido e infeliz.

Por outro lado, um relacionamento deve ser mais do que apenas uma maneira de tomar conta de suas próprias necessidades materiais e sexuais enquanto você segue em frente e faz exatamente o que sempre teve intenção de fazer. Conhecemos alguns casais cujo relacionamento melhorou quando um dos dois exigiu seus direitos mais firmemente do que antes. Houve outros casais, é claro, em que um dos dois precisava ser menos assertivo, prestar mais atenção ao que a outra pessoa queria e começar a construir uma parceria genuína.

O que quer que seja que você precise fazer para equilibrar o seu relacionamento, você precisa parar de fazer quando atingir um equilíbrio saudável novamente. Pense no seu relacionamento como um equilíbrio entre seus desejos e necessidades, os desejos e necessidades da outra pessoa e os objetivos partilhados.

Com um casal que eu (Joseph) conhecia, o homem, que anteriormente era muito passivo, tornou-se mais assertivo, porém acabou indo longe demais e deixou não apenas a mulher surpresa, mas também confusa e ressentida. Então ele teve de retroceder, o que foi muito confuso para ele de início, porque parecia que havia errado ao mudar. "Mas isso era o que eu *estava* fazendo. E nós concordamos em que estava errado!", ele disse. A mudança dele não estava errada, ele apenas exagerou na dose.

Um bom relacionamento quer dizer manter o equilíbrio e a coisa certa a se fazer; é o que coloca você de volta em equilíbrio. A coisa certa a ser feita em um ano pode ser precisamente a errada no ano seguinte, o que torna os relacionamentos a área mais maravilhosa, e também a mais confusa, da vida.

Capítulo 6

Mudança

• Agora que conversamos sobre o que você deseja, podemos falar sobre mudança.

Quando você pensa em mudança, lembre-se de que há dois aspectos. Um é manter o que é bom com relação ao presente. Sempre que pensamos em mudança, freqüentemente perdemos de vista o que tem de permanecer como está para aquela mudança ser eficaz. Ninguém muda tudo de uma só vez. O segundo aspecto é substituir o que você não quer por algo melhor. Mudar o modo de agir em relacionamentos irá lhe trazer algum benefício, caso contrário você não se daria ao trabalho. Mas isso não torna o lugar em que você se encontra agora um lugar ruim. Querer mudar não nega tudo o que aconteceu antes. Você não precisa ver o passado como descartável para poder tornar o futuro melhor. Permanecer da mesma forma para validar seu modo de ser anterior é uma das crenças mais limitadoras que existem.

Embora nos concentremos na mudança individual, na verdade ela não existe. Quando você está em um relacionamento, os dois precisam mudar. Se você mudar, a outra pessoa precisa mudar também para tornar conveniente o que você está fazendo de diferente. Pode ser apenas uma pequena mudança, mas será necessária. Então, ambos irão mudar; no entanto, um deve iniciar o processo.

Isso significa que se você quer mudar algo em um relacionamento e resolver ser diferente, a pessoa que está com você deve apoiar isso. Ela deve ajudá-lo a fazer a mudança reforçando e apoiando o que os dois desejam. Já vimos muitos exemplos nos quais um dos dois quer a mudança porque o que está fazendo não está dando certo. A pessoa tenta, mas o outro continua agindo da mesma forma. Isso torna a mudança muito difícil.

Você terá uma idéia de como seu condicionamento está limitando e talvez impedindo você de fazer o que deseja, o que você sente ser válido e positivo. Pode ser que você se sinta arrastado para certos tipos de pessoas, as quais tendem a ser inúteis e perigosas para você. Você se pergunta como as encontrou, já que não estava procurando por elas. Pode ser que você tenha uma maneira de destruir relacionamentos quando estes se tornam positivos e satisfatórios. Pode ser que você seja capaz de evitar conhecer qualquer pessoa. Você terá uma percepção de que, se algo fosse diferente com relação a você, então os relacionamentos da sua vida mudariam para melhor.

As outras pessoas estão sempre oferecendo conselhos e a maioria deles nós ignoramos. Prestar atenção seria atestar que há algo de errado conosco, e essa não é uma idéia confortável. O erro deve estar no outro. Ninguém muda apenas porque o outro disse, a própria pessoa precisa estar convencida de que a mudança é válida. Contudo, se muitas pessoas lhe disserem a mesma coisa, então você precisa sentar e prestar atenção. Este é um retorno bastante direto. A outra pessoa não será tão direta, ela apenas irá parar de sair com você!

Quando você pensa sobre o que mudar, considere o peso da evidência. Ignorar isso é tolice. Isso nos lembra do homem que entrou na loja de um alfaiate e pediu para ver um tecido xadrez vermelho. O proprietário se irritou. "Você é o oitavo que entra aqui hoje querendo xadrez vermelho e eu já estou cansado de dizer que nós não temos xadrez vermelho porque ninguém procura esse tecido."

Pense no que as pessoas disseram sobre você que elas percebem ser algo negativo. Perceba quantas pessoas disseram a mesma coisa. Se você busca um retorno repetido sobre como você é e como você influencia os outros, apenas considere se pode haver, ou não, razão no que está sendo dito. Você não precisa concordar, apenas considere as possibilidades. O retorno repetido indica uma percepção em comum. Talvez a sua visão de mundo possa estar precisando de algum ajuste.

QUESTIONANDO O RELACIONAMENTO

Quão satisfeito você está com seu relacionamento no momento? Se houvesse uma varinha mágica que lhe permitisse fazer alguma mudança na maneira como cria seus relacionamentos, qual seria essa mudança?

Talvez você esteja em um bom relacionamento e queira torná-lo melhor. Mas talvez você tenha se descoberto preso em um padrão de relacionamentos insatisfatórios. Você percebe isso depois de um tempo, interrompe o relacionamento, segue em frente, começa novamente, com uma nova pessoa, até que descobre que quando conhece melhor aquela pessoa ela tem os mesmos defeitos da anterior. Isso ocorre porque levamos para os relacionamentos questões para as quais procuramos respostas através da ligação amorosa.

Essa pergunta geralmente vem da nossa criação e está mergulhada profundamente em nossa voz condicionada. Ela pode surgir da maneira como nossos pais nos criaram ou pode vir das nossas experiências gerais. Quando somos crianças, queremos saber como o mundo funciona. Queremos que ele faça sentido. Queremos que o relacionamento dos nossos pais faça sentido. Isso nos deixa com algumas perguntas inconscientes que tentamos responder, porque nunca fomos capazes de perguntar a eles com palavras na época. A resposta para a pergunta básica do seu relacionamento é o que você está tentando descobrir quando entra em um relacionamento íntimo.

Eis alguns exemplos dessa pergunta:

Eu sou alguém que pode ser amado?
Os homens e as mulheres podem viver juntos sem brigar?
As pessoas gostam de mim?
O que acontece se as pessoas discutirem?
O amor é possível?
Eu posso ser fiel a uma pessoa?
O quanto é importante a beleza em um parceiro ou parceira?
Eu sou bastante interessante para conseguir alguém?
As outras pessoas são interessantes o suficiente?
Os relacionamentos são possíveis sem violência?
Eu preciso me casar para ser feliz?
Quanto tempo depois de conhecer uma pessoa pela primeira vez eu posso fazer sexo com ela?
Eu posso encontrar minha alma gêmea?
Essa pessoa será bem aceita pelos meus pais?

Como eu posso ser feliz?
Como eu posso fazer outra pessoa feliz?
Essa pessoa agüenta meu mau humor?

A pergunta básica do seu relacionamento influencia profundamente o modo você aborda os relacionamentos. As outras pessoas escolhem, geralmente de maneira inconsciente. Eu (Joseph) conheci uma mulher que tinha vários relacionamentos; nenhum deles durava mais de um ano. Ela achava que todos eles eram insatisfatórios, mas não conseguia dizer por quê. Ela estava frustrada pelo fato de que nenhum de seus relacionamentos floresceu para algo mais que passar alianças. Quando explorou essas situações, ela percebeu que abandonava relacionamentos porque nenhum dos homens parecia bom o suficiente. Ela sempre ficava com a idéia de que havia algo mais ou alguém melhor. Quando pensou mais seriamente sobre sua criação, ela conseguiu fazer algumas conexões. A pergunta do relacionamento que ela estava tentando responder era: "Você é bom o bastante para mim?"

Ela crescera com um pai coruja que costumava dizer: "Nada é bom demais para você" (o que é uma frase interessantemente ambígua se a considerarmos de maneira literal). Ele apenas dava a ela o melhor de tudo. À medida que cresceu, ela esperava o melhor e aplicava o mesmo teste tanto para um namorado quanto para carros, roupas, comida e objetos da casa — à menor imperfeição, o objeto era levado de volta à loja para troca. O modo como ela foi criada a tornou perfeccionista demais com relação às outras pessoas. Por trás da sua pergunta inicial havia outra: "O que há de errado com você?" Era como se ela partisse do princípio de que todos tinham imperfeições e falhas (ela estava certa sobre isso), porém, assim que ela descobria quais eram, a pessoa era rejeitada.

Havia uma lado positivo nessa pergunta inicial que era importante manter — ela merecia o melhor. O pai havia ensinado que ela era importante e merecia o melhor. Isso lhe deu uma tremenda auto-estima e ela era bastante popular. As pessoas com grande auto-estima são ótimas companhias; elas não precisam provar nada a si mesmas e não tentam fazer de você algo que você não é. Quando a mulher percebeu isso, ela mudou a pergunta para: "Como eu posso despertar o melhor no meu parceiro?"

Eis a seguir um exercício que você pode usar para explorar a sua própria pergunta do relacionamento.

Pense nos relacionamentos românticos que você teve.

O que eles tinham em comum?
Existe um padrão?
O que geralmente dá errado?
Se pudesse fazer uma pergunta a qualquer possível parceiro ou parceira, qual seria?
Se um relacionamento dá errado, que pergunta ele responde? (Você pode se pegar dizendo algo do tipo: "Eu sabia que não iria dar certo porque...")
O que você está tentando descobrir sobre a outra pessoa?
O que você está tentando descobrir sobre si mesmo?
O que faltou nesse relacionamento? (Seja o que for, sua pergunta deve ser como encontrar isso.)

Questionar o relacionamento não precisa ser um problema. Pode ser muito útil. Depende de como você incorpora a resposta ou faz a outra pessoa incorporar.

Quando você encontrar uma pergunta que pareça importante, olhe para ela mais atentamente. O que está suposto nela?

A suposição pode ser perfeitamente razoável, porém pode ter também algo escondido. Por exemplo, a pergunta "Essa pessoa seria bem aceita pelos meus pais?" pressupõe uma série de coisas – primeiro, que é importante que a pessoa se encaixe nos valores dos seus *pais*; segundo, que você sabe quais são os valores dos seus pais.

"O amor é possível?" implica dúvida, caso contrário por que você estaria questionando isso?

Quando encontrar a sua pergunta, preste atenção ao tom de voz que usar quando pronunciá-la. Por exemplo, "Eu sou alguém que pode ser amado?" pode ter um elemento de dúvida ou total incredulidade, dependendo do tom de voz que você usou para fazer a pergunta.

Observe seu questionamento e veja se está aberto ou fechado. Uma pergunta fechada pode ser respondida com "sim" ou "não". Por exemplo: "Eu sou alguém que pode ser amado?" é uma pergunta fechada. A questão é certamente muito importante e dependerá muito do tipo de evidência que você irá aceitar. Uma pergunta aberta é aquela que não pode ser respondida simplesmente com "sim" ou "não". Um exemplo seria: "O quanto eu posse ser amado?"

Em geral, uma pergunta aberta é muito melhor que uma fechada. Ela pede mais exploração, mais maneiras de agir para obter respostas e menos suposições escondidas. Uma pergunta fechada pode ser respondida com "não", e isso deixa você sem ter para onde ir.

Se a sua pergunta é fechada, transformá-la em uma questão aberta será um passo a mais. Por exemplo:

"Eu sou capaz de encontrar minha alma gêmea?" torna-se "Que tipo de pessoa seria minha alma gêmea?".
"Meus pais aceitarão essa pessoa?" transforma-se em "Quão importante é para a pessoa ser aceita pelos meus pais?".
"Eu posso fazer essa pessoa feliz?" vira "Como eu posso fazer essa pessoa feliz?".
"Essa pessoa agüenta meu mau humor?" passa a ser "Como essa pessoa irá lidar com meu mau humor?".

Agora olhe a pergunta e veja que tipo de valores está por trás dela. O quanto esses valores são importantes para você?

Por exemplo, "Essa pessoa irá proteger-me?" contém o valor de segurança. "Eu vou me divertir com essa pessoa?" possui o valor da diversão. Finalmente, o que a sua pergunta diz a você sobre o tipo de pessoa que você é?

A pergunta dirá muito sobre os seus valores, crenças e sobre o que você pensa dos outros e de si mesmo. Os casais freqüentemente se unem quando suas duas perguntas se encaixam, tendo os mesmos valores e as mesmas pretensões. Algumas vezes, as perguntas se complementam como se um desse o valor que o outro está procurando.

O QUE FAZEMOS E A NOSSA INTENÇÃO

Um amigo nosso estava constantemente se defendendo de acusações de egoísmo. Ele discutia com veemência que era generoso.

Ele sabia que era generoso. Isto é, ele sabia que queria ser generoso e seria, assim que tivesse dinheiro suficiente. É interessante porque para ele "ser generoso" significava dar dinheiro. Porém, se você pensar na sua experiência com as pessoas, não julga generosidade apenas pelo que a pessoa faz com dinheiro. É possível ser generoso espiritualmente, se doando. Nós dois conhecemos pessoas que têm muito pouco dinheiro e, ainda assim, são generosas com seu tempo e atenção e muitas vezes com o pouco dinheiro que têm. Tempo e atenção são mais valiosos que dinheiro e todos nós temos isso em abundância.

O segundo fato interessante sobre nosso amigo é que ele está se julgando pelas suas intenções e não pelo seu comportamento. Todos nós podemos ter padrões duplos assim. Sabemos que estamos tentando fazer o bem, ou que o faríamos se pudéssemos. Se as coisas não derem certo, então cometemos um erro, mas sabemos o que estávamos tentando alcançar, e isso tem um grande peso em nossa realidade. Contudo, tendemos a julgar os outros pelos resultados. Suas intenções são invisíveis para nós. Também tendemos a levar as coisas para o lado pessoal e culpar os outros quando fazem algo que nos magoa. Ainda assim, pouquíssimas são as vezes que eles querem nos causar dor.

Existem algumas pessoas que — conscientemente ou não — se sentem como se não fossem dignas do parceiro ou parceira que têm. Elas freqüentemente magoam a pessoa com quem estão de modo que esta vá embora, só para reforçar sua sensação de inadequação. Elas magoam a outra pessoa como uma maneira indireta de magoar a si mesmas. A saída para esta situação infeliz é eles olharem de perto para as crenças e valores que possuem sobre relacionamentos e talvez trabalharem sua pergunta básica do relacionamento. Tal crença limitadora com muita freqüência está arraigada na voz condicionada que diz algo do tipo: "Você não é um companheiro que valha a pena para ninguém. Qualquer uma que entrar em um relacionamento com você estará lhe fazendo um favor."

Sempre que julgar qualquer ação, seja sua ou de outra pessoa, lembre-se de que existem sempre dois lados. Existe o que aparenta ser de dentro — a intenção — e o que aparenta ser de fora — o resultado. A intenção é invisível de fora. Colocar-se no lugar de outra pessoa pode lhe ajudar a ser mais generoso, uma vez que você poderá ver a ação de ambos os lados antes de julgá-la ou reagir impulsivamente ao que a outra pessoa fez.

Pense no exemplo a seguir. Um dos dois em um casal que tem três crianças em fase de crescimento assume o papel de sustentar a família. Vamos dizer que o pai assumiu esse papel. Para manter o seu trabalho e assegurar uma renda suficiente, ele precisa trabalhar muitas horas, demonstrar comprometimento emocional, pagar um alto preço pessoal em termos de estresse e fadiga e ainda terminar o dia sem ter nenhuma energia para sua família. Para tornar seu tempo no trabalho mais agradável, e pela sua aptidão para o seu trabalho, ele escolhe gostar do que faz. Isso domina seus pensamentos e suas conversas porque ocupa um espaço muito grande da sua vida. Se lhe fosse dada a chance, ele gostaria de ter uma carreira mais fácil e de passar mais tempo em casa. Ele sente que está perdendo o crescimento dos filhos. Mas o estilo de vida da família cresceu tanto quanto a sua renda e ele se sente encurralado. Não parece razoável procurar uma carreira alternativa. Ele quer proporcionar aos filhos todos os bens materiais que ele não pôde ter quando era criança. Os filhos sofrem com o pouco contato com o pai. Devemos julgar esse homem pela intenção por trás do seu comportamento ou pelas conseqüências do que ele faz? Devemos realmente julgá-lo?

Em um lar atribulado com muitas vozes no ar, quando não há tempo para sentar e conversar, é muito fácil julgar somente a partir das ações e de suas conseqüências. E, é claro, conseqüências e ações reais são o ponto final; as conseqüências são, contudo, reais para serem involuntárias. No entanto, se você acredita que elas são involuntárias, elas podem ser menos dolorosas, porque geralmente é mais fácil suportar a dor se você acredita que a outra pessoa não tinha a intenção de magoar. Se nós meramente julgarmos o comportamento, perderemos a intenção. Uma vez isso ocorrido, a outra parte passa a ser incompreendida, punida e exposta injustamente, e fica incapacitada de ser ouvida.

Nós tendemos a nos julgar pelas nossas intenções e julgamos os outros pelo seu comportamento porque suas intenções estão invisíveis. É sempre válido olharmos para as nossas intenções e sermos honestos em relação a elas. Se você comprar um presente para o seu companheiro ou companheira, está pretendendo fazer a pessoa se sentir bem ou está tentando obter algo em troca? Se a resposta for a segunda opção, então a pessoa irá perceber de alguma forma que está sendo manipulada, se isso não acontecer imediatamente então certamente acontecerá quando você tentar obter o que deseja. O presente seguinte estará associado não com um bom sentimento, mas com um "O que você quer?". Do mesmo modo, se criticamos, nossa intenção é resolver um problema ou simplesmente fazer a outra pessoa se sentir mal? Estamos tentando ganhar um nível moral mais elevado, estabelecer um nivelamento pela culpa ou estamos tentando criar um relacionamento mais harmonioso? Buscamos nos sentir melhor ou estamos tentando moldar um relacionamento que combine conosco?

Um primeiro passo para deixarmos de ignorar a intenção por trás do comportamento é supormos uma intenção que sirva para nós. Podemos ler diferentes intenções em qualquer ação, cabe apenas a nós tentarmos entender o comportamento dos outros. Raramente dizemos: "Eu não faço idéia de por que você fez isso" — a não ser como um convite oculto para a pessoa se explicar.

Alguns relacionamentos se tornam tão ruins e as pessoas ficam tão desconfiadas uma da outra que tudo parece ter duplo sentido:

"O que tem para o café?" "Prepare você!"
"Como você está hoje?" "Bem, por que eu não estaria?"
"Posso ajudar você com isso?" "Não, sou capaz de fazer isso sozinha!"
"Você vai estar menos ocupada no trabalho esta semana?" "Eu sei, eu sei, nós vamos jantar naquele lugar um dia desses!"
"Eu vou visitar minha mãe esta tarde." "Quer dizer que você não consegue mais ficar perto de mim?"

Temos certeza de que você será capaz de dar seus próprios exemplos.

Leitura da mente

A leitura da mente ocorre com freqüência dentro de discussões:

– Você deixou aquele tênis velho lá só para me irritar.
– Não, claro que não. (Negando a intenção.)
– Então, quem o deixou lá, o papa? (Referindo-se ao comportamento.)

– Eu deixei. (Aceitando a responsabilidade pelo comportamento.)

– Foi isso o que eu disse. Só para me irritar. (Restabelecendo a validade da intenção da leitura da mente.)

– Não, claro que não. (Voltando para a intenção.)

– Você acabou de dizer que deixou. (Reunindo o comportamento com a intenção da leitura da mente.)

Se você acha que a leitura da mente não é um dos seus traços, responda se partiu do princípio de que na cena acima era um homem conversando com uma mulher. Se a resposta for sim, quem era o homem e quem era a mulher? Se você fez a leitura de que nós estávamos estereotipando, leia novamente a conversa e identifique como percebeu isso.

Quando alguém estiver tentando ler a sua mente e interpretar de maneira errônea sua intenção, em vez de ficar com raiva da acusação, apenas peça evidência que suporte a leitura que a pessoa fez. Pergunte a ela: "Como você sabe que é exatamente isso o que eu estava tentando fazer?" E seja honesto ao dizer a sua verdadeira intenção.

Algumas vezes a leitura da mente pode ser precisa, mas então ela deixa de ser leitura da mente, significa perceber e dar sentido à linguagem corporal e dicas não-verbais que acompanham as palavras. Como já foi mencionado, as mulheres são em geral melhores nisso do que os homens. Elas são mais intuitivas porque os homens confiam mais nas palavras e irão interpretar o que é dito de maneira mais literal. As mulheres prestam mais atenção ao contexto geral, às situações e ao que *não* é dito. Ai da mulher que esperar que seu marido seja tão intuitivo e preciso na leitura da mente quanto ela!

Aqueles que habitualmente fazem leitura da mente acreditam no seu próprio poder sensitivo. Eles também esperam que os outros leiam suas mentes precisamente. É muito freqüente pessoas assim dizerem: "Bem, você devia saber", "Eu não precisava dizer a você que era aquilo que eu queria" ou "Compre para mim o que você achar que eu vou gostar". Isso é chamar problemas, especialmente se for uma mulher que estiver falando.

APOIO DURANTE A MUDANÇA

Se você está em um relacionamento, a outra pessoa provavelmente já chegou a um consenso sobre a sua maneira de ser. Mesmo que ela peça para você mudar, vocês dois já terão se adaptado. Haverá uma dinâmica entre vocês que funciona em algum nível. Se você mudar, mesmo que seja para melhor, então todo o equilíbrio do relacionamento muda. A outra pessoa será forçada a mudar, mesmo que ela não queira, para poder responder ao seu novo eu.

Se um dos dois tentar realizar alguma mudança sem envolver o outro, será muito difícil. Primeiro, sua mudança pode ser impedida ou ridicularizada pela outra pessoa. Afinal de contas, ela pode lidar com você como você é. Se você mudar, então ela precisará esforçar-se para aprender uma nova maneira de lidar com você.

Segundo, você pode não receber a força, o retorno positivo e o apoio de que a maioria de nós precisa para realizar mudanças a longo prazo e duradouras nas áreas que escolhemos.

Terceiro, a mudança pode gerar suspeitas. Você sugere um jantar fora e a resposta que recebe é: "Está se sentindo culpado por alguma coisa, o que você está escondendo?"

Todos nós temos nossos conceitos sobre a pessoa com quem estamos. Podemos achar que a conhecemos melhor do que ela mesma. Bem, não conhecemos. Nós temos uma perspectiva diferente sobre ela da que ela tem sobre si mesma. Mas ninguém pode compreender completamente outra pessoa por causa dos seus pensamentos e razões; crenças e valores são invisíveis, a menos que você escolha partilhá-los. Somente conhecemos a outra pessoa de fora e só nos conhecemos de dentro. Nenhuma das duas visões é completa; todos nós temos uma imagem pública e outra particular. O problema ocorre quando atribuímos razões internas para ações públicas. Você pode estar certo com relação às razões, mas sempre é mais seguro perguntar e você geralmente não ganha nada se admitir o pior.

Quando você está tentando mudar, mesmo que seu companheiro ou companheira não queira ser diferente, mantenha a pessoa informada do que você pretende alcançar. Deixe-a saber do impacto positivo que você espera que essa mudança traga para a vida de vocês e diga que tipo de apoio você está esperando dela. Desse modo terá mais chance de realizar as mudanças que deseja.

Se você não está com ninguém no momento, então envolva alguém próximo para servir como apoio.

Se você decidir incluir alguém em qualquer das mudanças que você deseja realizar, existem algumas regras a serem compartilhadas. Primeiro, não tripudie. Expressões como "Eu sabia. Se você me escutasse. Eu disse, mas você não quis ouvir. Talvez você preste mais atenção no que eu disser daqui pra frente" irão impedir qualquer mudança que vocês quiserem fazer.

Segundo, deixe o passado no passado. Vocês devem permitir que a história se torne história. Culpa e censura são as âncoras mais pesadas para um passado infeliz. Elas são imagens refletidas uma da outra. A culpa vem em sua maior parte da responsabilidade que você impõe a si mesmo e, se queremos viver sem culpa, então precisamos parar de culpar a outra pessoa. Precisamos desistir de justificar o que fazemos e de mostrar que temos direitos. Em um nível mais profundo, temos de desistir da idéia de que, quando algo dá errado, é preciso culpar alguém. Algumas vezes, as coisas apenas acontecem, porque o mundo não está sob o controle de ninguém. Algumas vezes, a infelicidade é criada entre vocês dois.

Terceiro, livre-se das associações do passado. Quando as pessoas começam a mudar, elas são cercadas por associações do passado que tornam tudo ainda mais difícil. Por exemplo, se você quer parar de beber, o último lugar aonde você deve ir é o bar que costuma freqüentar. O simples fato de estar lá fará você sentir sede. Se você quer realizar uma mudança de modo mais fácil, vá a lugares diferentes, faça coisas diferentes, vista roupas diferentes; se necessário, mude-se para uma casa diferente. Faça qualquer coisa para quebrar velhos hábitos e dê a si mesmo a oportunidade de criar associações novas e limpas.

VELOCIDADE DA MUDANÇA

Não existem regras difíceis e rápidas sobre a velocidade da mudança. Métodos diferentes dão certo para pessoas diferentes em situações diferentes. Algumas respondem melhor ao lento processo passo a passo que permite um progresso mais seguro. Outras preferem uma abordagem mais forçada que as choque e impulsione para uma órbita diferente como um foguete auxiliar em uma nave espacial. Havia uma história no jornal outro dia sobre uma menina que cresceu se sentindo culpada com relação à nudez. O pai havia instilado nela a necessidade de manter o corpo coberto. Ela não se despia se as luzes não estivessem apagadas. Ela não conseguia ver pessoas nuas sem ficar vermelha de vergonha. Um dia ela decidiu que aquilo tinha de acabar. Resolveu que aquilo não era um reflexo de quem ela era interiormente. Em um ato simbólico para retirar esse condicionamento e expor seu verdadeiro eu, ela rasgou suas roupas e atravessou pelada um campo de rúgbi durante um jogo. Ela acenou para o público, pegou a bola e marcou um ponto antes de ser retirada do campo pela polícia.

Eu (Robin) vivenciei uma mudança brusca em uma área dos relacionamentos quando era adolescente. Meu professor de carpintaria, um homem bem-intencionado, com consciência social, organizou um fundo escolar para eu fazer uma viagem ao exterior. Foi um dos benefícios que ele arranjou para que eu me esforçasse. Eu aceitei tudo o que ele fez como um direito meu. Afinal de contas, a vida tinha me dado uma rodada de cartas muito ruim, então de vez em quando eu devia receber umas cartas boas. Isso me tornou arrogante. Acabei ficando prepotente.

Então, um dia, eu estava sozinho na sala de aula com esse professor quando ele perdeu o controle. A frustração dele transbordou. Ele perguntou, quase chorando, por que eu nunca tinha agradecido. Tudo o que ele queria era algum reconhecimento. Primeiro eu vi a cena como se eu não estivesse nela. Era como ver um filme no qual um personagem distante estava fazendo o meu papel. Então eu me conectei comigo mesmo e vi o homem parado na minha frente. Naquele instante, eu percebi que a outra pessoa tinha sentimentos. Que tinha necessidades. E, embora esses sentimentos e necessidades fossem diferentes dos meus, eles eram fortes e válidos. As lágrimas nos olhos dele me mostraram isso. Eu queria fugir. As palavras de agradecimento brigavam para não sair da minha boca. Expressar gratidão seria admitir o fracasso da minha visão de mundo. Teria sido uma fraqueza, não um ato corajoso e, além do mais, seria reconhecer que eu não tinha tido alguma sorte para compensar meu azar. Aquele homem à minha frente me ensinou sobre responsabilidade pessoal. Ele me ensinou a compreender sentimentos. Ele me ensinou a jogar com as cartas que eu havia recebido. Este incidente mudou minhas crenças sobre o modo como reagir ao azar.

Eu o vi muitos anos depois no saguão de um hotel. A resposta emocional que vivenciei na ocasião do meu aprendizado retornou, despertada por tê-lo visto. Reuni coragem para lembrá-lo da situação pela qual havíamos passado. Eu estava quase dizendo para ele o quanto havia sido importante para mim dizer "obrigado". Eu estava prestes a dizer a ele a diferença que aquilo havia feito na minha vida quando ele sorriu. E balançou a cabeça, como se a ocasião fosse tão recente para ele quanto era para mim. Eu podia ver o relaxamento na sua expressão, o modo como seus olhos suavizaram enquanto ele se recordava. Ele disse: "É, eu aprendi muito aquele dia. Aquilo mudou a minha vida. Nunca mais fiz nada esperando obter agradecimento, e isso me permitiu fazer muito mais e me sentir melhor comigo mesmo."

MUDANÇA DRAMÁTICA

Existem dois tipos de mudança. Uma envolve um ajuste gradual à parceira ou parceiro escolhido. Isso pode ser divertido. Você muda porque quer. O outro tipo de mudança é mais dramático. Algo está seriamente errado e você precisa ceder ou exigir espaço. Neste caso, você precisa saber como chegar a essa posição para saber o melhor a fazer.

Dizemos que o amor é cego e que é um pouco surdo também. Não totalmente cego e surdo, mas bastante seletivo sobre o que nos é permitido ver e ouvir. Quando conhecemos alguém, é comum vermos apenas seus pontos positivos. Ficamos otimistas e parece que essa nova pessoa trouxe mágica para nossas vidas. Apenas a sua presença pode indicar o que sempre procuramos e de alguma forma é um modo de tornar nossas vidas mais completas e maravilhosas, como nós merecemos. Nós não vemos ou ouvimos o que pode abalar nossos sonhos. Vemos as suas qualidades e depois acrescentamos outras que a pessoa não tem para torná-la perfeita.

Existe uma questão no relacionamento que ocorre após cerca de três meses, embora possa acontecer antes, quando essa visão fantasiosa se acaba. Nós começamos a enxergar melhor a pessoa pelo que ela é. A familiaridade provoca entendimento. Essa visão secundária é vitalmente importante porque é a visão da outra pessoa com quem você passará o resto dos seus dias. Qualquer que tenha sido a combinação das suas três vozes durante os três primeiros meses do relacionamento, é a mudança do equilíbrio que ficará com você. A chama inicial não irá retornar. É por isso que romances fugazes freqüentemente fracassam a longo prazo.

No entanto, algumas pessoas ficam obcecadas com a mágica desses primeiros três meses. Se elas não conseguem fazer esse período retornar com o parceiro ou parceira com que estão no momento, elas irão atrás de outra pessoa. Parte delas irá querer seguir adiante com o relacionamento e fazer dele algo mais permanente, enquanto a outra parte ficará sussurrando sobre a paixão e a energia daqueles estágios iniciais.

Em algumas pessoas, a voz genética fala mais alto do que em outras. Muitos homens, especialmente, ficam contentes que o relacionamento continue nesse nível. Para muitos casais isso é o suficiente. Os casos freqüentemente se baseiam em uma atração sexual forte, no perigo e em algo mais. O filme *O último tango em Paris* conta uma história desse tipo, na qual o homem e a mulher envolvidos tinham um acordo mútuo de não saber o nome um do outro por medo de eles perderem o foco de sua vida particular.

Se você quer um relacionamento com algo mais do que uma ligação sexual, então precisa de algo além de bom sexo. Você precisa do resto de si mesmo e precisa conhecer o resto do seu parceiro ou parceira. A compatibilidade sexual nem sempre leva a uma compatibilidade geral e não necessariamente resulta em um relacionamento duradouro, embora seja um bom começo. Se você conhece alguém nas férias e tem duas semanas de sexo intenso, não ache que isso irá acontecer quando você retornar para casa. A combinação "sexo, sol e mar" é poderosa — sem o sol e o mar, o sexo não será o mesmo.

Pense nas três vozes como pétalas em uma flor. Se você puder repousar outra flor sobre a sua e combiná-las perfeitamente, então o relacionamento será completo e irá combinar bem. Contudo, as flores nem sempre combinam. Quando alguma parte sua não é percebida, usada ou valorizada, ela tende a ficar inquieta. Ela busca reconhecimento, atenção e uso. Ela sente como se estivesse morrendo. Isso é mais perigoso quando a parte sexual é negligenciada. Os casais podem combinar mal suas vozes condicionadas e um dos dois pode ir passar algum tempo com outros amigos, com quem a pessoa se sente mais compatível. Um casal pode combinar mal suas vozes intelectuais, então eles irão buscar outras pessoas, com quem podem conversar sobre as suas idéias. Nenhuma dessas duas atividades conta como infidelidade e nem irão despertar paixões intensas no outro. Mas se a voz sexual não está combinando e um dos dois buscar essa satisfação com outra pessoa, então poderá haver problemas!

Algumas pessoas saem do curso porque apenas uma parte delas não está sendo usada. Alguém que consiga trazer esta parte de volta à vida irá parecer bastante atraente em razão dos dias, meses e anos de frustração acumulados pela negligência dessa parte. É por isso que os casos são geralmente breves. Assim que a parte adormecida se satisfaz, sua voz perde volume e a importância de outras partes retorna.

Outro perigo é ir longe demais, depressa demais e cedo demais. Algumas pessoas não dosam a quantidade do que oferecem com a quantidade que o outro oferece ou a velocidade que ambos querem que tudo tenha. Alguns acham que para conquistar o amor é preciso se entregar sem reservas desde o início. Eles acreditam que o amor irá resolver todas as suas questões como um comprimido e, portanto, precisam fazer de tudo para que isso aconteça. O comprometimento precisa ser dosado. Há perigo em doar muito ou atender às expectativas dos outros. As necessidades precisam ser equilibradas entre doar e garantir que você não está vulnerável ao abuso.

CONTROLE

Tentar controlar o outro pode matar um relacionamento mais rápido do que qualquer outra coisa. Um bom relacionamento dá às pessoas liberdade para serem elas mesmas além de fazerem parte do mesmo. Durante a década de 1960, os *hippies* costumavam dizer que, se você quisesse ter alguma coisa, tinha de abrir mão dela. Isso era confuso porque soava como uma contradição. Como você pode ter algo do qual abriu mão? Isso não faz sentido até você vivenciar o oposto — ter alguma coisa e descobrir que a perdeu.

As pessoas geralmente tentam controlar os outros por temer perdê-los ou por medo de não serem atraentes o suficiente para que o outro queira ficar por vontade própria. Contudo, quanto mais você tenta controlar alguém, maior é a resistência e a revolta correspondente. Sabemos de várias situações em que o uso do controle causou o fim do relacionamento que ele pretendia preservar.

Os homens tendem a usar os músculos para tentar impor controle. Alguns reduzem a tal ponto a auto-estima da mulher que elas acabam sentindo a necessidade do homem para a própria sobrevivência. Tais mulheres são levadas tal nível de dependência que se tornam empobrecidas. Esses homens interpretam mal o que é dito de modo a distorcer seu significado e gerar culpa. Eles criticam a aparência e a capacidade de suas parceiras. Eles resmungam alegando que gostariam que o relacionamento nunca tivesse começado e reclamam que agora estão presos. Eles admiram as outras pessoas que vêem com a intenção de criar uma comparação desagradável com suas parceiras. Sem ter a presença física dos homens e freqüentemente controlada por preocupação com os filhos, as mulheres podem responder a isso com uma resistência passiva. Elas se tornam indiferentes na cama — o último campo de batalha. E quem pode culpá-las?

As mulheres podem tentar exercer controle de uma maneira mais sutil. Elas podem usar a chantagem emocional. Elas podem vencer moralmente mostrando-se chateadas ou magoadas. Elas irão mostrar várias situações nas quais o homem está sendo desatento. Isso reduz a percepção de *self* do homem e gera culpa. O homem então se sente obrigado a compensar. O jogo do "se não fosse por sua causa" é uma maneira simples de criar culpa e assumir o controle, tanto para o homem quanto para a mulher.

Outra estratégia de controle é "Trate-os mal e mantenha-os próximos". Manter o interesse de alguém por você sendo desagradável com a pessoa, decepcionando-a, sendo crítico, não demonstrando interesse, flertando com outras pessoas, sendo evasivo e inacessível e realizando inúmeras ações para frustrar o outro, freqüentemente dá certo. Essas estratégias funcionam porque essas pessoas propõem um desafio — provar que você é homem ou mulher suficiente para domar esse tipo de pessoa e fazer com que ela ame você tanto quanto você parece amá-la. Essa forma de sedução demonstra uma necessidade por controle com freqüência gerada pelo medo de ser controlado. Isso está ligado às formas primitivas de sedução e trapaça. Uma das dificuldades principais com essa estratégia é que a indignidade tende a crescer até que você eventualmente chegue a um momento de rompimento. Quão mau você pode ser com o seu companheiro ou companheira e sair ileso disso torna-se uma medida de quanto ele ou ela ama você.

Algumas pessoas tentam controlar seus parceiros transformando-os em um de seus pais para criar o amor, a felicidade e a segurança da infância. Existem várias maneiras de fazer isso, e todas elas envolvem de alguma forma se tornar mais frágil do que você realmente é e esperar que a outra pessoa faça por você as coisas que você pode fazer por si mesma, na verdade esperar que ela mime você. O problema é que se ela se tornar sua "mamãe" ou seu "papai", então você precisará tornar-se uma criança de novo de alguma maneira. Precisará ficar mais indefeso e, por ser na verdade adulto e não precisar realmente de ajuda, você irá ficar ressentido. Você convida a pessoa para cuidar de você com uma das mãos enquanto se ofende e a afasta com a outra.

Contudo, se qualquer um de vocês for bem-sucedido nessa jornada, isso será o início do fim da sua vida sexual. Seu relacionamento com um pai ou uma mãe não envolve sexo, portanto, se transformar a pessoa em um deles, então você passa, por definição, a não fazer mais sexo com essa pessoa.

Existe um outro perigo. A ligação entre pais e filhos pode ser tão forte que pode dominar a que existe entre você e a pessoa com quem você está. Cuidar dos pais e ser verdadeiro com os valores deles pode ter maior importância do que prestar atenção no outro. As pessoas que colocam os pais em primeiro lugar negam aos seus companheiros ou companheiras o direito de fazer o mesmo.

Eu (Robin) conheci um casal cujo marido visitava os pais todos os fins de semana, não importa o que estivesse acontecendo. A esposa poderia estar doente ou infeliz, nada disso importava — os pais vinham em primeiro lugar. Sua esposa até gostava dos pais dele no início do casamento, mas com o passar dos anos ela passou a ter uma aversão intensa em relação a eles, apesar de eles não terem culpa disso. O marido costumava se queixar melancolicamente: "Por que você não gosta dos meus pais?" Com muita freqüência, este é um sinal de que a pessoa se sente mais uma criança do que um adulto, porque ela se coloca na posição de uma criança e torna aquilo mais importante do que ser um adulto ao lado do seu parceiro ou parceira. Eles querem ser a pessoa mais importante do mundo para os pais e para os companheiros ou companheiras. Mas, se você relegar o outro a segundo plano, então ele fará o mesmo com você.

Se sentir a necessidade de controlar, então você se arrisca a perder o que evidentemente quer manter. Quanto mais tentar exercer controle, mais você irá perder. Você perde tanto da outra pessoa quanto tenta controlar nela. Retome suas crenças e valores sobre si mesmo e sobre relacionamentos e verifique o que faz você precisar de controle. Pergunte a si mesmo qual é a compensação disso, o que você espera ganhar. E descubra uma maneira, que não seja o controle, de conseguir isso.

RESISTÊNCIA

Você imaginaria que, após decidir mudar, tudo deveria ser fácil. Não é. Nós resistimos, assim como as outras pessoas. Algumas vezes os oponentes mais francos da mudança que você deseja fazer são as pessoas mais próximas e mais queridas.

Honre qualquer resistência que encontrar, seja dentro de você ou no seu companheiro ou companheira. É o lado negro do que era bom no passado. Todos nós temos nossos próprios hábitos e rituais, gostamos de tornar partes de nossa vida o mais fácil e estável possível para que possamos dedicar nosso tempo e energia a novos projetos, mais importantes, sem precisarmos pensar sobre problemas da rotina o tempo todo. Essa estabilidade volta para nos assombrar sob a forma de resistência. Receba bem a resistência. Ela mostra que você fez um bom trabalho estabilizando a sua vida até o momento. Ela pode ser bastante reveladora sobre quais partes da sua vida você deu como certas e transformou em hábitos. Lembre-se de que o hábito é o que deu certo no passado. Pode não dar certo agora e nem no futuro. Certifique-se de que seu relacionamento não é parte da sua vida que você entregou ao hábito, caso contrário você passará a tomar por certo seu companheiro ou companheira. Existe uma diferença muito pequena entre "estável" e "passado".

Podemos relutar em mudar por medo de que possamos perder algo de valor. Leve em conta o número de fumantes que querem parar de fumar, que conhecem os benefícios de parar e as conseqüências de continuar, e ainda assim alegam não serem capazes de parar. Certamente, alguns são dependentes químicos. Outros fumam socialmente. Quando você investiga mais a fundo essa resistência, descobre que não é a nicotina que eles querem, mas a sensação de vigilância, a familiaridade dos rituais, a respiração profunda ou a camaradagem de partilhar uma parada para o cigarrinho com outros rejeitados nos degraus do lado de fora do escritório debaixo de chuva. Essas são as coisas boas, mas é possível obtê-las sem os carcinógenos.

Eu (Robin) estive recentemente trabalhando com um homem que quase sempre ia para casa tarde. Ele não queria. Sabia que isso deixava sua esposa chateada. Ele preferia estar em casa com ela, mas não conseguia deixar de se atrasar. Aquilo estava ameaçando seu casamento. Nós exploramos os resultados de seu comportamento usando perguntas como: "Do que você precisaria abrir mão se parasse de fazer isso?" e "Que coisas positivas isso dá a você ou faz por você?". Cada vez que eu fazia uma pergunta, esse homem pensava bastante. Havia momentos de silêncio demorados. O resumo das suas respostas é o seguinte:

"Isso me dá espaço e tempo para pensar."
"Isso me proporciona uma sensação de independência."
"Isso faz eu me sentir dono de mim mesmo."
"Isso faz eu me sentir mais forte."
"Isso faz eu me sentir mais poderoso."
"Isso faz parecer que ninguém pode me intimidar."
"Isso faz eu me sentir seguro."

De alguma modo, esse homem veio a associar, através de vários passos, estar atrasado com estar seguro. Portanto, para ir para casa na hora, ele precisaria abrir mão dessa sensação de segurança. Não era de se estranhar que sua voz interior dissesse a ele para ficar quando sua inteligência o mandou para casa.

A maioria dos comportamentos indesejados que você tenta mudar sem sucesso apresenta resultados positivos que o mantêm como são. Após identificar esses resultados, você então está capacitada a descobrir uma maneira alternativa de satisfazer essa necessidade. Por exemplo, no caso do homem que ia tarde para casa para poder se sentir seguro, descobrimos uma maneira diferente de ele se sentir seguro a fim de que se sentisse livre para ir para casa no horário certo. Tudo de que ele precisava era gastar mais dinheiro com sapatos para se sentir seguro. Não tenho certeza de como isso funcionou, mas deu certo.

Se você tem um comportamento limitador que já tentou corrigir, então faça uma lista de resultados imediatos perguntando a si mesmo o que você ganha com esse comportamento. O que ele gera que faz você se apegar tanto? Por exemplo, você pode descobrir que magoa a pessoa com quem se relaciona somente para provar que pode ser amado. Como isso acontece? Se a pessoa continua com você mesmo se você a faz sofrer, isso mostra o quanto você é digno de amor. Pense em como tudo seria mais agradável se você pudesse expressar esse amor de outra maneira.

Permanecendo o mesmo...

Por que algumas pessoas se recusam a reconhecer a necessidade de mudança nelas mesmas e em seu relacionamento? É claro, muitas delas querem que seu relacionamento permaneça como está. Dá certo para elas. O fato de não dar certo para seu parceiro ou parceira pode ter pouca ou nenhuma importância para elas. Mudar pode fazer com que elas percam seu provedor, criado, saco de pancadas particular no qual elas liberam as frustrações, parceiro sexual ou alguém para reclamar.

Outros que se recusam a mudar podem não querer reconhecer os erros que cometeram no passado. Mudar agora seria negar o que fizeram antes. Admitir estar errado é uma pílula amarga para muitos engolirem. Passar o resto da vida inutilmente tentando provar que estão corretas é geralmente o caminho mais fácil para aquelas pessoas cuja percepção de identidade inclui infalibilidade. Elas não querem prejudicar sua imagem de perfeição. Muitas não querem se sentir humilhadas entre seus iguais por se tornarem diferentes. Isso acontece especialmente com pessoas que são muito francas e obstinadas.

Outros não querem mudar porque têm medo de tomar conhecimento de qualquer dor que possam ter causado a si mesmos ou a outras pessoas. Pode ser mais fácil excluir os benefícios da mudança e persistir com as mesmas velhas manias.

Se é para um relacionamento melhorar, contudo, as duas pessoas podem precisar mudar. Sem mudança você permanece como está. Se você deseja um futuro, deixe o passado para trás, mas não sem antes aprender com ele.

LIDANDO COM DESAVENÇAS

Não existem relacionamentos sem desavenças. Os melhores relacionamentos não são aqueles em que os companheiros nunca discordam, mas aqueles em que as pessoas são capazes de expressar e respeitar suas diferenças. Conflito e diferença dão vida a um relacionamento, isso se não forem tão grandes que se tornem intoleráveis. O modo pelo qual você lida com conflito é de extrema importância para a qualidade da vida a dois. Ignorar um problema não significa que ele não exista ou que não terá nenhum efeito. Punir um ao outro em silêncio não é uma solução. Quando você discordar, faça isso de maneira inteligente — use seu intelecto para entender a questão e seu comprometimento emocional e energia para resolvê-la.

Qualquer que seja a causa ou o resultado desses desacordos e rixas, eles são sempre motivados pela incompreensão do ponto de vista da outra pessoa. Não há uma perspectiva completamente "certa" aqui. Os homens tendem a pensar que com a lógica do seu lado eles podem vencer qualquer discussão, mas a lógica não vence discussões entre duas pessoas que estão envolvidas emocionalmente, ela apenas vence discussões quando não existem emoções em jogo e as duas pessoas concordam em que ela é a melhor maneira para resolver tudo. Os homens pensam que as mulheres não são lógicas, mas isso não é verdade. As mulheres podem ser bastante lógicas quando têm necessidade, porém elas não a utilizam para resolver desentendimentos em relacionamentos íntimos.

Você já se viu em uma discussão na qual você e outra pessoa discordaram e então ela disse algo que de repente mudou sua perspectiva? A percepção vem como uma ducha de água fria. Isso acontece em discussões entre casais com muita freqüência. De repente um dos dois é forçado a rever sua opinião e a ver a situação da perspectiva do outro.

Quanto mais pudermos nos colocar no lugar do nosso companheiro ou companheira e percebermos como essa pessoa compreende o mundo, mais seremos capazes de nos comunicarmos com ela. Com uma abertura do seu ponto de vista teremos uma chance melhor de resolvermos a questão. Também ficará mais fácil colocarmos nosso ponto de vista de modo que a pessoa seja capaz de entender.

Você já ouviu uma discussão ou desavença entre duas pessoas e soube que a questão não seria resolvida? Você já olhou um casal e entendeu o relacionamento deles mais do que eles mesmos parecem entendê-lo? Se isso já aconteceu, é porque aquele ponto de vista objetivo permitiu a você uma compreensão que não estava ao alcance do casal porque eles estavam "dentro" do que estava ocorrendo. É este ponto de vista objetivo que torna o papel de diretor de cinema, árbitro de boxe e juiz tão importantes. Eles têm um entendimento, em razão da sua posição objetiva, que os envolvidos não têm.

Para resolver um conflito, você necessita da capacidade de sustentar seu próprio ponto de vista, um desejo de compreender e de se solidarizar com a outra pessoa, e a capacidade de ser objetivo. A sua perspectiva é baseada na sua experiência, mas isso não a torna correta em um relacionamento. Para compreender o outro, você precisa dar um salto criativo para a realidade dele e, quanto mais você conhece uma pessoa, mais fácil você faz isso. Casais que já estão juntos há muito tempo parecem fazer isso quase que telepaticamente. Essa empatia com o outro é uma capacidade básica do ser humano; no entanto, nós freqüentemente não a usamos quando ela é mais útil. A capacidade de entender o ponto de vista do outro não invalida o seu, é apenas diferente. Isso também não significa que ele esteja correto. Então, há a perspectiva isenta que a sua voz intelectual lhe dá, com a qual você pode avaliar ambos os pontos de vista e enxergar as semelhanças e diferenças entre eles. Daqui você pode dar valor ao seu relacionamento.

Finalmente, nós acrescentaríamos outra posição a essas três básicas. É uma posição que leva em consideração vocês na qualidade de casal, dentro de um relacionamento. O que é importante para vocês? Como essa desavença se encaixa com o que vocês partilham? O que é importante para vocês na qualidade de casal e o quanto essa desavença é importante nesse contexto?

Um modo de desenvolver a habilidade de passear mentalmente por esses três pontos de vista é colocá-los em prática. Se adotarmos o comportamento do outro, vivenciaremos seu estado interior. Imitar nos mostrou que se copiarmos a linguagem corporal do outro receberemos uma percepção do ponto de vista que cria essa maneira de agir.

Eis aqui um modo como você pode tentar isso. Se o seu companheiro ou companheira tem a sua própria cadeira e tende a sentar-se nela com a mesma postura de sempre, então, quando essa pessoa não estiver por perto, simplesmente sente-se nessa cadeira do modo como a outra pessoa senta. Aguarde uns instantes até achar a postura exata, espere até seus músculos se familiarizarem com a postura e, então, preste atenção nos seus pensamentos e sensações. Sentar da maneira como a outra pessoa se senta faz você perceber o estado interior que gera aquela postura. Perceba o tipo de pensamentos que você tem, as opiniões que passa a ter, para onde você olha, como fica o seu humor e qual é o seu ponto de vista do mundo agora que você está no lugar da outra pessoa e adotando a sua postura. Você pode se surpreender com o que irá sentir.

Se você e seu parceiro ou parceira estão lendo este livro juntos, vocês podem tentar andar juntos. Saia para uma caminhada, preferivelmente em um local mais reservado para evitar qualquer constrangimento. Um vai na frente e o outro segue, os dois andando da mesma maneira. Novamente, perceba como seus sentidos respondem a essa experiência. Note que informações você capta e como isso afeta a sua visão de mundo e do seu relacionamento. Troquem de lugar e conversem sobre suas experiências quando chegarem em casa.

A seguir, há um bom exercício que irá ajudar você a entender melhor um conflito ou desavença que possa vir a ter, ou uma situação que você queira discutir com a outra pessoa e que possa ser controversa ou difícil.

Sente-se em uma cadeira e decida como irá conduzir a conversa, o que você espera alcançar, como irá dizer o que tem para dizer e o que irá fazer ou falar caso isso não funcione.

Então levante-se, relaxe a mente, sente-se em outra cadeira e torne-se o seu companheiro ou companheira – da melhor maneira possível. Sente-se como a pessoa sentaria. Permita-se pensar da maneira que você acha que a pessoa pensaria, certificando-se de que se sua voz interior usar as palavras "eu" e "meu" ela esteja se referindo à outra pessoa. Decida, como o outro, o que você buscaria obter dessa conversa, como você a estruturaria e como você responderia ao verdadeiro eu que está sentado invisivelmente na cadeira à sua frente. Após fazer isso, levante-se e seja você mesmo novamente. Então saia de perto das cadeiras e assuma um ponto de vista objetivo longe das duas cadeiras. Agora você não está presente nem em si mesmo e nem na outra pessoa que faz parte da conversa. Imagine que elas estejam lá conversando através dos olhos da sua mente. Crie uma conversa provável do que você já discutiu ao ter se sentado nas duas cadeiras. Seja internamente ou em voz alta, decida o que provavelmente irá acontecer entre as duas pessoas invisíveis sentadas nas cadeiras à sua frente. Caso se refira a elas, use os nomes.

Após reunir essas informações das três perspectivas, volte e sente-se na sua cadeira. Volte a ser você mesmo. Com as informações recebidas dos outros dois pontos de vista, reveja sua abordagem para a conversa que irá acontecer. Algumas vezes você irá decidir seguir em frente conforme planejado originalmente. Isso é ótimo e agora você poderá fazer isso com ainda mais confiança. Muitas vezes, você irá fazer ajustes em sua abordagem. Mesmo as pequenas variações podem ter grande influência sobre o que acontece.

EQUILIBRANDO OS PONTOS DE VISTA

Algumas vezes, esses pontos de vista não são tão úteis quanto poderiam ser porque ficam presos nas crenças limitadoras e na voz condicionada. A perspectiva da sua primeira posição não é tão forte quanto poderia e a terceira não é tão objetiva, mas se vê presa a emoções conflitantes. Eis uma maneira pela qual você pode aperfeiçoar esses pontos de vista mais tarde. Isso também dará a você muitos *insights* sobre como enxerga as diferenças que tem com a outra pessoa. Neste exercício, você não precisa ficar trocando de cadeira, você pode fazer tudo na sua imaginação.

Primeiro pense em um problema ou desavença que você teve com seu companheiro ou companheira.

Veja-o sob o seu ponto de vista.

O que você vê?
De onde você observa?
Você, na terminologia técnica, está "associado", ou seja, observando através dos seus próprios olhos e vendo o que pode enxergar dali?

Certifique-se de estar associado, olhando através dos seus olhos, e não se vendo de uma posição distanciada.

Como está o seu equilíbrio?
O que você ouve?
Você ouve as vozes de quem e de onde elas vêm?
Que sensações você tem e de onde elas vêm do seu corpo?

Imagine novamente a situação, ainda olhando através dos seus olhos. Ouça as vozes claramente e sinta a sua voz sair da garganta. Descreva as sensações do seu ponto de vista. Sinta-se inteiramente equilibrado ao fazer isso.

Como isso muda a sua visão da situação?
Você se sente mais confortável?

Agora vá para a terceira posição. Imagine-se vendo você mesmo e a outra pessoa. Olhe para a imagem sua e da outra pessoa em uma discussão, desavença ou briga. Perceba de onde você naturalmente tende a assumir o seu ponto de vista desta posição.

É por cima ou por baixo de vocês dois?
É mais perto de um do que do outro?

Equilibre sua posição observando a cena de um ponto eqüidistante, caso isso já não esteja acontecendo. Certifique-se de que ambas as pessoas na sua imagem possuem o tamanho apropriado. Note se uma parece maior ou mais verdadeira do que a outra e modifique-as para que fiquem do mesmo tamanho.

Agora, desta posição, ouça a sua voz e a da outra pessoa vindo de onde você os avista. Ouça-os com os seus ouvidos. Isso pode soar estranho, mas vivenciamos casos em que muitas pessoas ouvem as vozes como se estivessem desincorporadas e algumas chegaram a dizer que as ouvem através da parte de cima da cabeça.

Depois, desta posição, descreva a situação para si mesmo como a observa. Deixe a sua voz interior sair de sua garganta. Quando você descrever a situação, utilize os pronomes "ele" e "ela". Guarde o "eu" para você como observador.

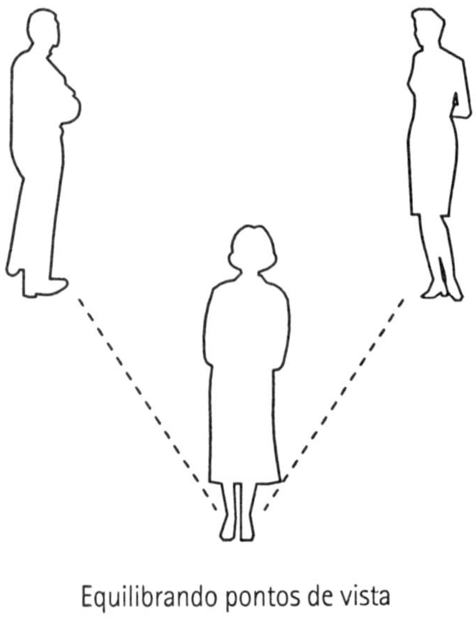

Equilibrando pontos de vista

Agora, nesta posição, se você se sentir mal ou acanhado, saiba que esses sentimentos não lhe pertencem. Aqui você está apenas observando. Reconheça esses sentimentos pelo que eles são e repasse-os para a pessoa a quem eles pertencem. Sinta-se bem equilibrado em ambos os pés.

Como essas mudanças contribuem para a maneira como você enxerga a desavença?

Este é um exercício muito interessante de se fazer porque pode lhe mostrar que o modo como você percebe a situação tem um papel importante em tornar difícil sua solução.

Eu (Joseph) me recordo de ter feito isso com uma série de discussões que tive com um amigo. Parecíamos estar andando em círculos com as questões e não chegando a lugar algum. Eu me senti pressionado, e quando discutíamos não conseguia colocar melhor o meu ponto de vista e acabava criticando as idéias dele, em vez de apresentar as minhas.

Quando fiz este último exercício, descobri que minha terceira posição estava completamente desequilibrada. Eu estava tendendo para o meu lado, mas o mais interessante era que eu visualizava meu amigo muito maior do que eu! Não é de admirar que eu tivesse dificuldade em expor meu ponto de vista. Eu equilibrei minhas posições, centralizei minha terceira posição e nos deixei do mesmo tamanho. Eu me senti muito melhor e, quando a questão surgiu novamente, fui capaz de permanecer calmo e expor meu ponto de vista muito bem. Nós ainda não concordamos, mas discordamos amigavelmente. Enxergamos claramente nossas diferenças sem permitir que elas criassem uma rixa entre nós, e eu me senti muito melhor com o resultado.

Quando você equilibrar esses três pontos de vista, irá tornar-se capaz de utilizar o próximo processo para explorar qualquer situação difícil que possa surgir entre você e a outra pessoa.

Primeiro, qual é o problema do seu ponto de vista?
O que você está tentando alcançar que é tão importante para você?

Como você descreveria o que a outra pessoa está fazendo? Escolha um adjetivo que descreva como você a enxerga nessa situação, por exemplo: "agressiva", "controversa", "emocional", "insensível".

Agora assuma a segunda posição com a outra pessoa. Finja ser ela.

Como ela enxerga a situação?
O que ela espera alcançar que é importante para ela?
Como ela descreveria o que você está fazendo? Escolha um adjetivo que descreva seu comportamento *do ponto de vista da outra pessoa.*

Agora vá para a terceira posição. Imagine-se olhando para você e para a outra pessoa de um ponto de vista distanciado e calmo.

O que é o seu relacionamento nessa situação?
Pense nos dois adjetivos que vieram à mente – como eles combinam?
Eles se complementam – por exemplo, quanto mais uma pessoa fica agressiva mais a outra se recolhe, ou quanto mais uma se torna lógica mais a outra se torna emocional?
Eles são semelhantes e opostos diretamente – por exemplo, quanto mais insistente uma pessoa fica mais a outra também fica, ou quanto mais racional uma pessoa se torna mais a outra também vai ficando?
Qualquer que seja o relacionamento, essess dois adjetivos se alimentarão um do outro, um evocando o outro em um círculo fechado.

Então pergunte a si mesmo, novamente da terceira posição:

Como vocês estão mantendo o problema da forma como estão agindo?
Se fosse para você mudar o que está fazendo, como a outra pessoa teria de mudar para lidar com seu novo modo de agir?
Quais seriam os benefícios para você se essa situação mudasse?
Esses benefícios valem a mudança no seu modo de agir?

A capacidade de sair da situação é a chave para resolvê-la. Muitas discussões são como partidas de tênis, cada um acha que precisa ficar rebatendo a bola e geralmente culpa a outra pessoa por ter começado. A reação de um é o motivo do outro. Existe ainda problema posterior, é que cada um espera que o outro discuta de uma maneira específica e, portanto, ele adota a sua própria maneira de avaliar isso, ainda assim olhando de fora isso é exatamente o que mantém a discussão viva. Então, para resumir, a situação não pode ser discutida porque, quando nosso casal em guerra tenta discutir, eles caem na mesma armadilha.

Para realizar uma mudança você precisa dar um passo metafórico para fora da situação e ver como vocês estão respondendo um ao outro. Você precisa ver o relacionamento, não apenas os indivíduos nele. Qualquer situação deve se encontrar no ponto de vista "nós", por exemplo: "Sempre que *nós* conversamos sobre essa questão, parecemos terminar discutindo, e eu não gosto disso. O que *nós* podemos fazer para parar com isso?"

A outra pessoa pode responder algo como: "Bem, isso não aconteceria se você não fosse tão..." Nesse momento, não se deixe levar. A grande tentação é dizer algo do tipo: "Bem, *eu* não seria assim se *você* não fosse tão..." Em todo o mundo os casais discutem a partir da mesma estrutura e preenchem as lacunas cada um à sua maneira. Nós pegamos as qualidades que vivenciamos no relacionamento e a atribuímos à outra pessoa. Isso não pertence a ela. Pertence ao relacionamento. Então dizemos "Você é mandona" em vez de "Eu vejo você como uma pessoa mandona". Uma pessoa não pode ser mandona sozinha. Esse tipo de qualidade, boa ou ruim, somente pode se concretizar *em um relacionamento*. O mesmo é valido para o reclamão, a dominadora, o recatado e a nervosa.

Em vez de se deixar levar pelo padrão antigo, você pode dizer: "Tudo bem, como você gostaria que eu agisse?" Isso não é admitir que você está errado, é apenas uma maneira de explorar a situação.

Agora olhe para a situação de vocês como casal.

Como essa situação afeta a sua intimidade?
Vocês ficam mais ou menos próximos como resultado disso?

Observe os efeitos com o passar do tempo também.

Se essa situação fosse continuar, qual seria o impacto a longo prazo?
Essas discussões são simplesmente uma desculpa para vocês fazerem as pazes?
Como elas afetam o seu relacionamento com o passar do tempo?
Se a situação continuar assim, seu relacionamento irá ficar mais forte ou definhar?
Essa situação cresceu gradualmente ou ocorreu de repente?
Seria aceitável para você estar na mesma situação de agora daqui a seis meses?
E daqui a três meses?
Daqui a um mês?
Quanto tempo seria o essencial para mudar essa situação?
Não seria melhor fazer isso o quanto antes possível?

Ensine para mim

Divirta-se ao fazer este exercício. É melhor fazê-lo com um amigo ou amiga, mas você pode fazer sozinho nesta primeira vez. É uma maneira simples e divertida de mudar o comportamento que impede você de chegar aos relacionamentos que deseja. À medida que formos fazendo o exercício, se você se vir sorrindo ou dizendo "Isso é ridículo", então continue e veja o que acontece.

Primeiro, escolha uma forma de comportamento que dificulta o relacionamento no qual você se encontra ou impede a criação do relacionamento que você deseja. Pode ser que você discuta ou perca a paciência facilmente com coisas bobas. Pode ser que você tenha se especializado na arte da timidez ou em não ir a locais onde uma companhia adequada possa ser encontrada. Não se engane, esta é uma habilidade de verdade. Você a faz de maneira fácil e costumeira. Você dedicou tempo e empenho nisso.

Agora imagine-se em frente a um grupo de pessoas desesperadas em aprender a como fazer o mesmo.

Se você fizer isso sozinho, diga as respostas o mais alto possível. O som da sua própria voz (em contraste com a sua voz interior) irá fazer a diferença.

Eis as perguntas:

O que você realmente nos irá ensinar? Dê-nos uma breve descrição.
Quando iremos utilizar esse comportamento?
Em outras palavras, qual é a deixa?
Como você sabe quando começar?
Que conjunto de circunstâncias normais precisa existir?
Com quem iremos utilizar este comportamento?
Você discrimina as pessoas com quem irá usar isso?
Isso se aplica a classes sociais, pessoas específicas ou apenas a uma pessoa?
O que qualifica a pessoa que irá receber o comportamento?
E o que desqualificaria alguém de receber este comportamento?
O que estaremos atingindo quando usarmos este comportamento?
O que iremos obter de valor positivo? Deve haver algo, caso contrário por que você faria isso?
É possível que esse comportamento tenha atingido algo útil há muito tempo, talvez na sua infância?
Qual é o preço por comportar-se dessa maneira?
O que você irá perder ou arriscar-se a perder quando aprendermos a fazer isso?
Com que freqüência podemos esperar ser bem-sucedidos nisso?
O que provavelmente os outros irão pensar quando agirmos assim?
Precisamos de uma crença especial em relação às outras pessoas ou a nós mesmos para agirmos dessa forma?
Como saberemos quando parar de agir assim?
Como será a vida quando não fizermos mais isso?

Vá para o futuro mentalmente e imagine a vida como ela será sem esse comportamento. Ouça os sons relacionados à nova cena, sua voz interior, sua voz condicionada reeducada e as respostas verbais dos outros envolvidos. Veja a resposta física dos outros. Perceba qualquer sentimento associado a essa mudança.

Este exercício funciona porque faz você pensar no que há por trás do comportamento. Ele também lhe permite se afastar e ver o que fez de maneira distanciada. Não faz mais parte de você, então você não se sente obrigado a defender aquilo. Um verdadeiro teste para o sucesso deste exercício é que você não pode voltar ao comportamento antigo sem se sentir desconfortável. Melhor ainda é quando você não consegue voltar de jeito algum.

Agora precisamos de algo para substituir o comportamento. A natureza odeia o vácuo e nós não podemos nos livrar de alguma coisa sem substituí-la por algo mais útil, mais de acordo com o que você sempre desejou. A seguir você irá descobrir como encontrar esse substituto:

Sente-se confortavelmente, esteja o mais relaxado possível, olhe à sua esquerda como se estivesse olhando para o chão além do seu pé esquerdo e responda à pergunta: "O que eu quero fazer diferente?" Pode ser que você queira ser melhor em alguma coisa ou mudar um comportamento que atualmente não o ajuda em relacionamentos. Pense durante alguns minutos nas respostas.

Quando tiver uma resposta, pergunte a si mesmo: "Se eu pudesse fazer isso, como seria?" Enquanto você pondera a questão, olhe para cima e depois para a direita. Veja a si mesmo como se estivesse em uma tela de cinema desempenhando o novo comportamento. Note se há qualquer mudança física em você. A sua respiração se altera de alguma maneira? Perceba na imagem como o seu novo comportamento afeta as outras pessoas. Agora mergulhe na imagem interior para que você não mais observe cena, mas faça parte dela, e veja tudo com seus próprios olhos. Quando fizer isso, olhe para baixo e depois para a direita, como se estivesse olhando para um espaço além do seu pé direito. Note como você se sente agora. Esse novo comportamento parece certo e representa você de verdade?

A posição dos olhos ajuda porque ela ajusta seu cérebro a pensar de maneiras diferentes. Olhar para cima ajuda na visualização, olhar para baixo e para a esquerda facilita a conversa consigo mesmo, enquanto olhar para baixo e para a direita permite uma facilidade maior no contato com os seus sentimentos.

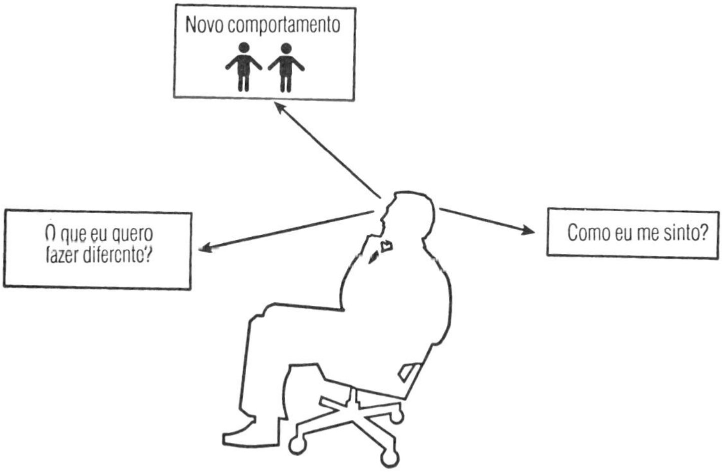

Novo comportamento

Enfrente este ciclo de três passos pelo menos três vezes, percebendo o que acontece com você durante o processo. Você deve notar que o processo fica mais suave e aperfeiçoado. Agora crie uma imagem do futuro com o seu novo eu. Note a resposta das outras pessoas.

Aproveite a diferença.

Capítulo 7

Auto-revelação

• Quanto mais você trouxer de si mesmo para um relacionamento, provavelmente mais satisfatório ele será. O velho ditado "Quanto mais você se doa, mais você recebe" é batido, mas é verdade. Um bom relacionamento significa combinar as vozes genética, condicionada e intelectual, e dentro da voz genética você precisa realmente gostar de alguém para um relacionamento durar. Você não precisa gostar de alguém para fazer sexo com essa pessoa. A confiança é construída com o tempo; você confia em alguém quando testa essa pessoa e descobre que ela é confiável e não apenas por boa vontade. Algumas pessoas são muito divertidas e nós podemos ter uma grande harmonia com elas, porém não passaríamos muito tempo na sua presença.

Uma maneira de confiarmos em alguém é nos envolvermos gradualmente em um relacionamento com essa pessoa. Fazemos isso por meio da auto-revelação — falamos sobre nós mesmos, nossos pensamentos e medos, esperanças e sonhos, passado e futuro. A auto-revelação é um dos métodos mais poderosos de se criar um relacionamento mais íntimo. Auto-revelação é dizer à outra pessoa o que é verdade para nós e dividir nossos pensamentos com ela. Quando você se revela à outra pessoa, você se descobre no processo. Quanto mais sabe sobre si mesmo, mais você é capaz de entender sobre si mesmo e sobre o que quer, e mais completo pode ser o seu relacionamento. A honestidade elimina a dúvida e a leitura de mente. A auto-revelação mostra que você parou de se esconder e que confia na outra pessoa. E também que você confia em si mesmo para se revelar. Isso também permite que vocês dois saibam em que concordam e em que são diferentes, em que são compatíveis e em que se opõem.

A auto-revelação está sempre sob controle, você pode dizer o que quiser. Não estamos querendo dizer que você tem de contar ao seu companheiro ou companheira tudo sobre você. Isso pode ser imprudente. Todos nós temos pensamentos que não dividimos com os outros, atos que queremos esquecer. Não estamos propondo nenhum tipo de sessão psicológica para despir a alma. É mais como convidar um amigo para uma refeição rica e satisfatória — você utiliza muitos ingredientes, mas não precisa usar tudo o que há na geladeira. É melhor deixar algumas coisas em recipientes ou jogá-las no lixo. Algumas delas já passaram da data de validade há muito tempo.

A auto-revelação também não significa eliminação de problemas. Algumas pessoas confessam seus delitos do passado ao seu companheiro ou companheira porque então, na mente delas, isso passa a fazer parte dos problemas do outro, e não mais delas.

Todos nós temos nossos segredos, coisas que fizemos e temos vergonha, sentimentos que não gostaríamos de ter, coisas que não se encaixam na nossa identidade do modo como a percebemos. Algumas dessas coisas você pode contar ao outro com o passar do tempo. Outras, não. Quando você se abrir com a outra pessoa e ela ouvir sem julgar você, algo maravilhoso acontece. Você é aceito. Então você é capaz de se aceitar ainda mais; você fica mais completo e pode dar mais em troca.

Nossa voz condicionada insere muitas crenças sobre o que é ruim e vergonhoso. Nós muitas vezes crescemos pensando que temos muito do que nos envergonhar, já que a culpa é uma prática educacional padrão na cultura da Europa ocidental. Quanto mais você partilha, mais você vê que não precisa se sentir envergonhado. Ao sermos aceitos por outra pessoa, nós aceitamos a nós mesmos, e isso é bastante saudável. Ao conhecermos os outros, conhecemos melhor a nós mesmos, e então percebemos que somos apenas duas pessoas, cada uma com a sua bagagem do passado, indo em direção ao futuro em uma jornada em conjunto, ajudando um ao outro da melhor maneira possível. A auto-revelação não é obviamente a única maneira de auto-aceitação, mas é uma opção bastante poderosa e rápida.

As pessoas se apaixonam pela Internet sem nem mesmo se verem e algumas até permanecem juntas depois que se encontram.

Elas digitam todos os tipos de idéias e segredos e enviam para seus companheiros ou companheiras da internet. O computador aceita tudo; ele não engasga e nem fica chocado com as suas revelações. Uma razão pela qual as pessoas se apaixonam por alguém que não conhecem reside no fato de que a honestidade, a sinceridade e a intimidade que elas confiam ao seu computador podem criar um sentimento em uma pessoa desconhecida e jamais vista que mora do outro lado do mundo.

A auto-revelação explica em parte como amigos podem se tornar amantes. As pessoas que inicialmente não se sentem atraídas uma pela outra em um nível físico podem ficar mais próximas à medida que suas conversas com o outro revelem o seu verdadeiro eu durante uma parte do tempo. Em uma amizade raramente há a necessidade de querer impressionar, fazer pose ou projetar uma auto-imagem para atrair um membro do sexo oposto. O que surge nessas conversas é uma descrição verdadeira de crenças e valores, e é isso o que nos atrai.

Nós usamos a auto-revelação neste livro para mostrar como isso funciona. Esperamos que algumas das histórias ajudem vocês a nos conhecerem melhor. Não estamos sendo completamente anônimos, esperando que vocês examinem seus relacionamentos detalhadamente enquanto permanecemos escondidos.

A auto-revelação é bastante poderosa e pode ser perigosa. Escolha cuidadosamente com quem você irá abrir-se. A confiança precisa ser adquirida e leva tempo para ser estabelecida, mas pode ser perdida em um instante. Não há como definir quanto tempo isso leva. Você troca informações pouco a pouco de um modo que desperte seus sinais internos para o que é certo. Tenha cuidado. A honestidade e a auto-revelação são as duas forças mais poderosas nos relacionamentos, mas existem aqueles que as recebem e não oferecem nada em troca, ou até mesmo traem a sua confiança.

Eis aqui um exercício que lhe fornece uma estrutura para explorar a auto-revelação utilizando as três vozes. Isso é melhor se puder ser partilhado com o companheiro ou companheira, mas você pode fazer sozinho para descobrir alguns *insights* sobre si mesmo.

Ao realizar esse processo com um parceiro ou parceira, não se apresse. É pouco provável que vocês completem o exercício no mesmo dia. Pode ser que vocês precisem de um tempo para considerar e contemplar o que foi dito, e isso pode levar dias. Cada passo no processo pode levar seu relacionamento para direções diferentes. Ele pode distanciar vocês no início e depois aproximá-los. Esteja preparado a qualquer momento para reconhecer que pode não ser o momento certo para você e para a outra pessoa passarem por este processo. Não se sinta obrigado a passar por cada uma das perguntas.

Este exercício não deve ser usado como um processo terapêutico. Se há questões pendentes entre você e a outra pessoa, é melhor resolvê-las primeiro. A auto-revelação é um meio de conhecer alguém inteiramente e já construir um bom relacionamento.

Faça o processo passo a passo, uma pessoa de cada vez. Primeiro um responde às perguntas da sua maneira, então o outro faz a sua auto-revelação. Depois partilhem as suas reações. Esteja no momento em que estiver falando, mas também esteja preparado para se distanciar, ficando metaforicamente fora da conversa e captando os *insights* da maneira mais distanciada e objetiva possível. As emoções podem surgir. Note-as, deixe-as desaparecerem e depois decida se deseja continuar. A seqüência e as perguntas são apenas sugestões, mas achamos que elas dão uma boa estrutura ao processo da auto-revelação. Você pode deixar de fora muitas perguntas e colocar algumas suas.

Você pode sentir a voz genética e a condicionada se misturando e ficando meio turvas à medida que segue no processo. Está tudo bem. Muitas pessoas andam por aí acreditando que são máquinas geneticamente programadas sem nenhum poder de controle ou escolha. Uma consciência da sobreposição ofuscada entre a voz genética e a condicionada é útil para mostrar que nada do que fazemos em relacionamentos é completamente instintivo e está totalmente fora do nosso controle.

Iremos cobrir nossas três vozes começando com a genética, passando para a condicionada e depois para a intelectual. Nós utilizamos essa seqüência porque nascemos com nossos genes, absorvemos nosso condicionamento e desenvolvemos nossa voz intelectual, objetiva e de bom senso através das nossas experiências de vida.

Não completar este exercício não é um sinal de fracasso ou de relacionamento ruim. Nem muito menos decidir não iniciar o processo. Esteja ciente de seus limites e dos da outra pessoa, e não os ultrapasse.

Primeiramente, algumas diretrizes para este processo:

Se você estiver fazendo isso com o seu companheiro ou companheira, decida quem se sente mais à vontade para começar.
Se for você, expresse o seu ponto de vista.
Então ouça o que a outra pessoa tem a dizer se ela quiser responder antes de passar ela mesma pelo exercício.
Nenhuma crítica é permitida de nenhum dos lados enquanto o outro estiver falando.
Todos os comentários devem ter dono: "Eu acho...", "Eu sinto..." ou "Eu acredito...". Nenhum julgamento. Nenhuma discussão. Você está dizendo o que é verdade para você e ouvindo o que é verdade para a outra pessoa.

A voz genética

Atração física

A primeira pergunta é bastante simples:

Que atributos físicos excitam você?

Cada um descreve qual aparência física do sexo oposto o atrai e o deixa excitado – curvas, músculos, olhos e cabelo.

Pode ser que algum tom de pele chame mais a sua atenção. Podem ser seios fartos ou bundas pequenas – seja honesto.

Enquanto faz isso, você pode ficar ciente de como as duas outras vozes interagem. Você acha que admitir que gosta de bunda grande não é agradável? E não faz sentido, mas quem se importa? Você é despertado inicialmente por impulsos genéticos, depois pelo seu condicionamento e então o seu intelecto chega para oferecer uma visão mais profunda sobre como provavelmente seria seu relacionamento com alguém com essas qualidades físicas? Ou a sua voz genética comanda o espetáculo?

Todos os seus companheiros ou companheiras tinham os atributos dos quais você falou? As outras vozes precisam esperar sua vez e só podem falar depois do sexo? Você acredita que essa é a única voz que existe?

Se você descobrir que depois da satisfação física há muito pouca coisa que prenda você à pessoa, então provavelmente a única parte que é compatível em vocês é a física. Não há nada de errado com isso, contanto que isto seja o suficiente para os dois. No entanto, as dificuldades irão surgir quando a idade e a gravidade levarem embora os atributos físicos que atraem você.

Permaneça calmo, não importa o que seja dito, mesmo que a outra pessoa fale sobre características que você acha que não possui. Isso é particularmente verdade quando um de vocês mudou a aparência ou ganhou peso. O propósito desta seção é entender melhor um ao outro e ver se existem maneiras pelas quais vocês podem se sentir mais atraídos um pelo outro. Não é para achar uma varinha para bater no outro. A atração física é importante, mas é apenas parte do relacionamento. E é claro que a beleza está nos olhos de quem vê. Se o seu companheiro ou companheira descrever características que você acha que não possui, é bem possível que a pessoa consiga vê-las mesmo que você não.

Você pode descobrir que a outra pessoa se encaixa nos seus critérios físicos perfeitamente, e neste caso a sua voz genética é forte e você presta atenção nela. Isso é ótimo contanto que vocês sejam compatíveis de outras maneiras. Se você achar que a outra pessoa quase não se encaixa nas suas características preferenciais, então isso mostra que a voz genética está fraca e as outras estão mais fortes.

Ao longo de um relacionamento, nossa aparência muda. Olhamos no espelho todos os dias e as pequenas mudanças se acumulam, nunca de maneira óbvia no dia-a-dia, mas chocante quando nos comparamos com uma fotografia mais antiga. Olhamos o espelho e podemos pensar: "O que aconteceu?" Quando isso aconteceu? Nunca percebemos, ainda que lentamente, mas com certeza os anos vêm buscar aquelas coisas que a voz genética ama tanto.

O problema é que a voz genética nunca se atualiza. Qualquer que seja a sua idade, ela ainda prefere curvas jovens, a boa aparência, o cabelo brilhante, todos aqueles sinais de saúde que nos atraem apesar da idade. Isso é geralmente um problema maior para os homens. Neles a voz genética é mais forte. Falando genericamente, os homens prestam mais atenção na aparência física do que as mulheres e se sentem imediatamente atraídos pela beleza física. Nós envelhecemos, mas nossa voz genética continua enviando a mesma mensagem — vá atrás da jovem, da bela, da saudável. E então vemos os homens buscando meninas jovens o bastante para serem suas filhas, enquanto seus amigos homens riem ou sentem inveja, dependendo do que acontecer. Eles são ambivalentes — eles querem que os outros sejam bem-sucedidos, porque isso lhes dá esperança; mas também querem que fracassem, se não, irão sentir inveja. Enquanto escrevo isso, existem vários filmes que mostram o ator principal muito mais velho que a atriz principal, mas eles se apaixonam. É a realização do desejo evolucionário masculino. Esses relacionamentos podem dar certo, mas não com tanta freqüência. O casal deve ter outra coisa em comum. Um dos desafios da idade é educar a voz genética, para que possamos apreciar a beleza física sem que esta tenha aquele imenso magnetismo que possuía em nossa juventude.

Este exercício também pode dar uma motivação para cuidados com a saúde, porque gradativamente, sem sabermos, podemos descuidar de nossa aparência. Quando eu (Robin) fiz esse exercício com a minha esposa, adquiri uma motivação fundamental para fazer exercício e dieta.

Preferências sexuais

Neste momento seja honesto sobre a quantidade de atividade sexual que você deseja, como isso acontece, a quantidade de preliminares que melhor o estimula e o tipo de atividades que mais o excitam. É neste momento que a presença da voz condicionada será notada. O sexo é biológico, mas nossa educação e o condicionamento social influenciam o tipo de sexo que gostaríamos de ter e se achamos que ele é permitido ou não.

Existem algumas pessoas que acreditam ter impulsos sexuais extremamente altos com uma necessidade de atividade freqüente, e que isso faz parte das necessidades do seu corpo. Para algumas dessas pessoas isso é verdade; outras parecem estar motivadas pela dúvida ou pela baixa auto-estima — a atividade sexual em grande quantidade é o seu modo de ampliar sua percepção do *self*. Quando a atividade sexual é utilizada para aumentar a auto-estima, a vida pode se tornar dependente do sexo, ele se torna compulsivo e as compulsões são defesas contra ameaças. O modo de identificar isso é perceber que reação você tem quando não consegue a atividade sexual da maneira ou na freqüência que quer. Se você se sentir frustrado, então é simples, mas se você se sentir ansioso, então algo mais está acontecendo. A ansiedade é um sinal de que você se sente sob ameaça e pode ser que a sua auto-estima esteja sendo ameaçada.

Explorando isso, você pode descobrir que a outra pessoa deseja comportamentos sexuais com os quais você não concorda. O que ela deseja pode ser desconfortável, perigoso ou ilegal. Essa pessoa também pode querer fazer algo que tira a sua excitação. Este é um território complicado. No entanto, se o seu relacionamento é forte, vocês podem ser capazes de agradar um ao outro por meio de fantasias. Não se force a fazer nada de que você discorde ou com que se sinta desconfortável, e nem espere que a outra pessoa faça o mesmo.

Como atrair futuros parceiros ou parceiras

Esta seção você pode fazer sozinho.

Como você geralmente atrai parceiros ou parceiras?

O modo como você atrai a outra pessoa é geralmente o modo que você utiliza para mantê-la também. Nós continuamos fazendo o que dá certo. Por exemplo, se um homem atrai as mulheres por meio do físico, do poder, da posição ou do domínio, esses são os modos que ele provavelmente usará para manter o relacionamento. Uma mulher pode achar essas qualidades iniciais instantaneamente atraentes, mas logicamente pode escolher não passar muito tempo convivendo com elas. Da mesma forma, um homem pode encontrar uma mulher que transpira sexualidade instantaneamente cativante, mas isso pode não ser necessariamente o que ele estava procurando em um relacionamento a longo prazo, partindo do princípio de que um relacionamento a longo prazo é o que ele deseja.

Um modo pelo qual os homens podem atrair as mulheres consiste em oferecer-lhes proteção. A necessidade que os homens têm de serem os protetores e as mulheres de serem protegidas ainda se faz presente em muitos casais. Alguns homens gostam que suas mulheres sejam dependentes deles. Algumas mulheres gostam que tomem conta delas. Alguns homens são intimidados por mulheres que são assertivas ou que mostram que são auto-suficientes. Algumas mulheres odeiam homens que não conseguem se impor. Uma parte disso é estímulo, embora muito seja certamente comportamento condicionado perpetuado e passado através das gerações.

É válido conversar com seu companheiro ou companheira sobre a necessidade de ser protegido ou de proteger. Isso pode ter um impacto no tamanho da pessoa que escolhemos, e também em outras questões. A atração que mulheres pequenas sentem por homens grandes é bastante comum. Isso também pode influenciar o quanto uma mulher deseja que seu homem esteja no controle e quão submissa um homem deseja que sua mulher seja. A proteção e o controle podem se transformar em possessão e controle se vocês não tiverem o devido cuidado — o que certa vez foi confortante pode se tornar sufocante e limitador.

A voz condicionada

Atitude com o sexo oposto

O que você pensa sobre o sexo oposto?
Que atitudes você espera dele, quais as suas espectativas?

Eis algumas perguntas para ajudar você a explorar esta área:

Quais são as suas tarefas no relacionamento?
Você está contente de fazer isso?
Você acha que deveria estar fazendo isso?
Existe alguma tarefa que você acha que deveria estar fazendo mas não está e isso parece errado para você?
No que você acha que as mulheres são boas?
No que você acha que os homens são bons?

As mulheres são consideradas tradicionalmente o sexo mais fraco em termos de força muscular e, até recentemente, em poder e influência também. Quando homens ou mulheres têm posições de poder, eles lutam para mantê-las. Você não acha que um governo democrático trabalharia de maneira mais eficaz e justa se os membros que fazem parte desse governo fossem uma representação dos sexos, idades, raças e grupos religiosos que eles governam?

Você pode ver suas atitudes aparecendo no seu emprego. Eu (Robin) não tenho dificuldade em trabalhar para mulheres ou empregá-las. Contudo, quando tinha quatro anos, eu reunia minha gangue à minha volta e zombava das meninas da minha sala. Eu sabia naquela idade que meninos e meninas serviam para atividades diferentes. A influência de minha mãe sobre mim reforçou essa idéia. Ela me mantinha afastado das tarefas domésticas e deixava tudo para a minha irmã. Eu me lembro de empregar homens e mulheres para fazerem o mesmo trabalho e saber que era certo pagar salários diferentes para eles. Então comecei a usar meu intelecto. Percebi que de várias maneiras as mulheres eram mais capazes de executar a função. Eu vi quão facilmente os governos dominados por homens utilizaram o conflito para resolver diferenças. O domínio masculino geralmente leva a uma falta de equilíbrio, de compaixão e de preocupação com o indivíduo. Ele tende a ser um capitalismo selvagem onde o fraco vai para a parede com a idéia implícita de que de alguma maneira ele merece aquilo porque em algum nível ele é culpado por sua fraqueza. Essas atitudes também podem ser encontradas em níveis menores no local de trabalho.

Se você é homem, vale a pena saber que instintos arraigados possui com relação aos papéis de homens e mulheres. Você pode então escolher ignorar ou controlar esses instintos. Se você é mulher, é válido saber o que espera dos homens e o que a sua experiência leva você a esperar.

Nossas atitudes em relação ao sexo oposto são resultado de uma mistura complexa de diferenças evolutivas, normas sociais, fatores históricos e ambiente familiar, e por isso protegem o aspecto socialmente condicionado dos relacionamentos.

Muitas vezes descobrimos o histórico e a educação do nosso parceiro ou parceira quando conhecemos seus pais e irmãos e visitamos a casa dessas pessoas. No entanto, é muito útil conversar sobre a infância, o que era bom e o que era ruim. Se você precisa conhecer os pais do seu companheiro ou companheira, é válido saber um pouco mais sobre o que essa pessoa acha das crenças e valores dos pais.

Também vale a pena conversar sobre como as crenças e valores de outras pessoas afetaram você. Anos atrás, eu (Robin) sofri uma ridicularização silenciosa quando discutia meu futuro com o coordenador vocacional da minha escola. Ele decidiu que eu deveria ser policial porque eu tinha o corpo atlético e musculoso. Após muita hesitação, eu disse que gostaria de fazer algo mais criativo. Ele riu e olhou minha ficha. Após verificar que eu era bom em arte e desenho, ele ignorou meus protestos e arranjou uma entrevista para mim em um escritório de engenharia. Eu consegui o trabalho. Fui treinado para desenhar planos de construções para sistemas de drenagem. Era quase como estar em um livro de Kafka no qual eu era a única pessoa sã entre um grupo que ficava enfeitiçado por linhas retas, vazão de águas e a disposição de resíduos. Rapidamente comecei a pensar que eu é que estava louco.

Compreender as aptidões naturais do seu companheiro ou companheira faz toda a diferença do mundo no modo pelo qual você apóia a pessoa a ter a vida que ela deseja. O que a pessoa faz em benefício do relacionamento pode não ser uma expressão do seu verdadeiro eu, então você irá agradecer a ela ainda mais. Se a vida dita que um de vocês ou os dois precisam fazer algo que vocês não queiram e não se encaixa com vocês, é importante que os dois trabalhem para criar um equilíbrio entre o que fazem e o que querem fazer.

As expectativas do seu parceiro ou parceira na vida, no trabalho e em casa

Você pode se sentir tentado a essa altura a expressar um ponto de vista lógico e de bom senso. Você terá a oportunidade de fazer isso mais tarde. Essa é a sua chance de dizer o que seu *condicionamento* leva você a acreditar que seja o papel do seu companheiro ou companheira e em que eles devem ser bons.

Eu (Robin) me lembro de que bem no início do meu casamento minha esposa tentou me coagir a gostar de decoração. Seu pai tinha sido um decorador de gabarito. Eu odeio isso. Eu fico entediado em poucos minutos segurando um pincel e preferiria estar preso a trabalhar colocando papéis de parede. De qualquer maneira, para ficar em paz e fazer a vontade da minha esposa, eu concordei em decorar nossa cozinha. Somente depois de tudo feito é que um amigo adepto do "Faça você mesmo" me informou que, ao colocar o papel atrás da tomada da eletricidade do fogão, eu estive perto de morrer eletrocutado. Desde então, minha esposa e eu concordamos, logicamente, em que, quando algum reparo urgente precisasse ser feito na casa, nós chamaríamos alguém devidamente treinado para realizar o serviço. Do mesmo modo, tendo uma mãe dona-de-casa que adorava cozinhar acima de tudo, eu ainda acho difícil aplicar meu intelecto e não me sentir intrigado com o fato de que minha esposa não tenha a mesma satisfação em cozinhar.

Estar ciente do que fomos condicionados a esperar de nossos parceiros ou parceiras, tanto no trabalho quanto em casa, é o primeiro passo para decidir realisticamente em que vocês dois são bons e o que é melhor para ambos.

A casa dos pais

Aqui é onde você pode discutir como a outra pessoa se teria encaixado na casa onde você cresceu. Você pode já saber como ela se encaixa com a sua família agora. Descreva as maneiras como você acha que essa pessoa iria combinar ou não com a sua vida doméstica quando você era criança. Esta seção irá revelar se você se sentiu atraído por alguém semelhante ou se você está procurando alguém para compensar o que lhe falta.

Preferências sexuais e inibições

A voz condicionada algumas vezes fala mais alto do que a voz genética. Em relacionamentos, os nossos instintos podem nos dizer uma coisa que nossa voz condicionada impeça nosso corpo de realizar. Em muitas questões, isso é bom, uma vez que existem perigos físicos e emocionais quando não temos controle. No entanto, as dificuldades ocorrem quando nossa voz intelectual diz que agora está seguro para seguir os instintos, mas ainda assim nossa voz condicionada não desiste. Se o condicionamento veio dos seus pais, é difícil praticar o sexo que você quer com seus pais metaforicamente olhando por cima dos seus ombros.

É importante neste estágio discutir e revelar a quantidade e o tipo da atividade sexual que a sua voz condicionada permite que você tenha. Pode ser frustrante quando parceiros sentem que têm a compatibilidade sexual genética, mas o condicionamento atrapalha. Uma discussão aberta, neste momento, pode identificar quais crenças e valores que cercam a atividade sexual podem estar limitando vocês.

Conversando através dos níveis

Aqui você pode conversar sobre a sua percepção de *self*.

Como você percebe a si mesmo?
Que tipo de pessoa é você? Diga à outra pessoa em apenas uma frase começando com "Eu sou...". Por exemplo:
"Eu sou uma pessoa carinhosa..."
"Eu sou alguém que consegue o que quer..."
"Eu sou uma pessoa generosa..."
Conte à outra pessoa algo que aconteceu na sua vida que seja absolutamente típico da sua pessoa. Se você pudesse escolher uma ou duas coisas que aconteceram com você que realmente mostram o tipo de pessoa que você é, quais seriam elas?
Conte a ela um ou dois momentos que definem a sua vida.
O que aconteceu que teve um efeito verdadeiramente profundo em você?
Foi uma pessoa? Uma infelicidade? Uma tragédia? Uma experiência maravilhosa?
Que experiências de vida exerceram a maior influência para você ser a pessoa que é hoje?
Agora conte à outra pessoa o que é importante para você.
O que você valoriza em um relacionamento?
Você pode já ter trabalhado com crenças e valores (*veja as páginas 81-98*). Agora seria o momento apropriado para compartilhar isso com seu parceiro ou parceira.

A voz intelectual

Aqui é o espaço em que você pode conversar sobre o que observou ser verdade e importante em relacionamentos em vez daquilo que você deseja que seja verdadeiro e importante, ou daquilo em que você foi educado a acreditar que era importante e verdadeiro.

Por exemplo, você pode querer alcançar certos objetivos antes de se comprometer seriamente em um relacionamento. Mesmo que para você o dinheiro possa não ser importante, deve ter notado que dificuldades financeiras tornam a vida difícil e, portanto, gostaria de ter alguma segurança financeira antes de considerar um compromisso mais sério.

Aqui você também pode conversar sobre quais expectativas vocês têm na vida. Isso é importante dividir porque, se suas ambições forem muito diferentes, isso pode criar um abismo entre vocês. Este é o momento de conversar sobre o que vocês desejam individualmente e o que querem alcançar juntos.

Seja realista. Isso não significa não ser ambicioso. Não há nada inerentemente errado com objetivos, expectativas e sonhos, contanto que eles tragam felicidade. Os sonhos e os impulsos que aparentam trazer infelicidade são aqueles que são impraticáveis desde o início.

Eu (Robin) uma vez fui participante de um seminário no qual a mensagem principal era que qualquer um poderia fazer absolutamente tudo na vida, contanto que quisesse o bastante. Era uma boa mensagem, positiva, mas achei que ela estava fazendo uma promessa que não poderia cumprir. Minha preocupação era pelas muitas pessoas que poderiam sair do seminário cheias de entusiasmo e experimentar uma dose dupla de fracasso pessoal, caso elas não conseguissem o que disseram que elas eram capazes de conseguir.

Quando o apresentador vigorosamente afirmou que todos nós poderíamos atingir absolutamente qualquer coisa pela vigésima vez, eu perguntei se ele poderia criar um quebra-cabeça que ele não fosse capaz de resolver. Ele olhou estupefato com os olhos agitados e disse:

– Por que você me perguntou isso?
– Porque você disse que qualquer um poderia fazer qualquer coisa.
– Bem, mas depende... – ele começou a falar.
– Obrigado. Era isso que eu queria saber – eu falei antes de me sentar novamente.

O QUE É AMOR?

Indústrias são criadas ao definirem amor. Cartões de Dia dos Namorados utilizam milhões de palavras na tentativa de transmitir seu significado de uma pessoa para outra. Mas o amor não está no cartão, e sim na lembrança de mandar o cartão.

Havia certa vez uma série de desenhos que pareciam nunca terminar onde a cada dia uma nova definição era acrescentada às palavras "Amar é..." O livro e o filme *Love Story* tinham seu clímax na declaração de que amar é "nunca ter de pedir perdão". Achamos que qualquer um que seguisse literalmente essa definição teria uma surpresa bastante desagradável. Durante nossa pesquisa, pedimos a muitos de nossos amigos uma definição de amor. Mesmo aqueles que responderam levaram uma eternidade para fazerem isso. Muitos apenas pareceram surpresos ou engasgaram com o café. Alguns ficaram incomodados. É uma pergunta complicada, e um pouco injusta, porque o amor não é apenas uma coisa. É algo que você vivencia, e não algo que você define. Não existe resposta certa, não é um teste, mas de alguma maneira acaba sendo. Porque sua definição de amor, embora não possa nos dizer muito sobre a mais complexa das emoções humanas, dirá a você muito sobre si mesmo. Você pode ter aguardado uma frase breve e direta que resumiria o significado do amor eterno. A frase nos escapou.

O que faz o amor ser difícil de ser definido? Afinal de contas, nós podemos ser bastante precisos sobre ódio, antipatia e asco. Se amor fosse fácil de se definir, haveria muito menos músicas no mundo. Grandes poetas talvez nunca tivessem escrito. Vários filmes não teriam sido feitos. Uma razão pela qual o amor é de tão difícil definição reside no fato de que pedimos para a palavra fazer muito. Amamos outra pessoa em vida, nossos filhos, nossos pais, amigos, torta de maçã e nossa música favorita. Nós esticamos a palavra até que ela se torne lugar-comum e transparente.

O amor significa coisas diferentes para pessoas diferentes em momentos diferentes e em estágios diferentes de um relacionamento. No início de um relacionamento quando há descoberta, risco, promessa e entusiasmo, o amor pode ser uma experiência irresistível que coloca você em contato com emoções que normalmente permanecem em repouso.

Espera-se que o amor resolva todos os seus problemas, mas nada fará isso em nenhum momento. O amor tem muitos níveis e as palavras nunca podem fazer justiça. O mais próximo a que podemos chegar consiste numa metáfora — não dizemos o que é o amor, mas sim com o que ele se parece...

Que metáfora você tem para o amor? O amor parece...

É mais fácil dizer o que o amor faz. Nos sentimos maravilhosos. Outra pessoa é mais importante para nós do que nós mesmos. Nos sentimos atraídos por ela, queremos estar próximos, ela tem a resposta, nos sentimos como se o mito fosse verdadeiro, e que cada pessoa tem uma cara-metade que foi separada e que a tarefa na vida é encontrar essa pessoa novamente. E o amor nos diz que a encontramos.

Existem dois estados que irão parar o amor. O primeiro é perfeccionismo. O companheiro, ou companheira, perfeito é uma ilusão. Não existe uma pessoa, uma só pessoa especial e perfeita que irá fazer seus sonhos se tornarem realidade. E você também não precisa ser perfeito para ser digno de amor. Apesar do mito forte, você não é meia pessoa buscando alguém que tenha outra metade sobrando e que irá tornar você uma pessoa completa. Você é uma pessoa completa em busca de alguém completo e que deseja formar um casal completo. Em um bom relacionamento, vocês dois se tornam mais vocês mesmos, e este tipo de relacionamento também realça você em vez de depreciar quem você é. E o amor não conquista tudo. Na verdade ele pode atrapalhar muitas coisas, por consumir tanto do nosso tempo.

O segundo inimigo do amor é a indiferença. O ódio não é o oposto do amor; a indiferença, sim. Pelo menos quando você odeia alguém com quem se importa. O que a pessoa faz afeta você. Quando você é indiferente, não se importa.

O amor à primeira vista não é um feitiço mágico que lampeja quando duas pessoas se olham pela primeira vez. É um reconhecimento mútuo de familiaridade e a visão de alguém que se aproxima da imagem de companhia ideal que você tem na sua mente.

Você pode nem saber quando o verdadeiro amor "toca você". Ele pode estar do seu lado durante anos antes de você enxergá-lo.

O amor pode ser uma combinação de atração física, o desejo de intimidade, uma paixão que é causada pela proximidade, uma vontade de comprometimento, compatibilidade das nossas três vozes, amizade, uma visão compartilhada de mundo, carinho e cuidado um com o outro, profundo conhecimento e muitas outras emoções e necessidades que são individuais da pessoa ou do relacionamento.

O amor envolve comprometimento. Comprometimento significa valorizar muito o outro e seu relacionamento. Significa ficar próximo à pessoa e se importar com ela não apenas quando você quer — isso é fácil —, mas também quando você não quer, porque você sabe que com o tempo essa é a coisa certa a ser feita. Então, comprometimento envolve ter mais tempo, ser capaz de ver além da satisfação do momento, ser capaz de deixar de lado a satisfação atual do presente pela de outra pessoa porque o relacionamento é mais importante. Amor sem comprometimento é como se sentir divorciado da continuidade. Você pode ter amor sem comprometimento? Provavelmente, não. As pessoas não têm tanto medo assim de comprometimento. Muitas têm, contudo, medo de se comprometerem com a pessoa errada. Se elas não estão dispostas a se comprometerem, há menos chance para o amor.

O amor torna você capaz de coisas extraordinárias, você se surpreende dizendo e fazendo coisas que nunca achou que fossem possíveis. O que você faz e o que você é capaz de fazer mostram a qualidade do seu amor. Ação é o que conta. Elas definem o amor. O amor não é algo que surge de maneira mágica e depois você fica uma pessoa boa e o relacionamento fica fácil. Quando o ímpeto inicial do amor enfraquece, você precisa trabalhar duro para mantê-lo vivo.

Qual é a experiência agradável mais memorável da sua vida? Do que você se lembra bem? Que momento você adoraria reviver? Para muitas pessoas, é o seu primeiro beijo, e a pesquisa apresentada na Sociedade de Psicologia Norte-americana, em 1999, confirma isso. Nós não precisamos de uma sociedade de psicologia para nos dizer que o primeiro beijo é uma experiência maravilhosa, mas foi uma surpresa saber que ele é também um dos eventos mais memoráveis da vida, acima do casamento e da primeira experiência sexual. Os casais se lembraram de quase todos os detalhes que cercaram o primeiro beijo, da cor das roupas, do local exato e das primeiras palavras que disseram depois disso. Com o seu primeiro beijo, o mundo se abre. É a fronteira da infância para a vida adulta e também uma identidade sexual. Além de ser intensamente prazeroso. Quando você pensa naquele beijo agora, como foi, o que você sentiu, o que viu e ouviu, não seria maravilhoso se o seu relacionamento hoje pudesse ter a mágica daquele momento, aquele prazer, aquela expectativa, aquela novidade? Esperamos que sim.

Este livro foi composto na tipologia Times New Roman, em corpo 11/13, impresso em papel off-set $90g/m^2$, no Sistema Cameron da Divisão Gráfica da Distribuidora Record.